クセジュ】

セクトの宗教社会学

ナタリ・リュカ著
伊達聖伸訳

白水社

目次

序論

クロード・レヴィ＝ストロースは、かつて次のように述べた。「文化の進歩はおしなべて、文化間の結合から生じる。この結合は、各文化がその歴史的発展のなかで出会いの場を共有することに存する（……）。それは、より多様な文化間でなされるほど、いっそう豊かになる。（……）あらゆる進歩は、この共同の駆け引きから生まれるが、その結果（……）駆け引きに参与する各々の資源の均質化が生じる。人類はたえず二つの矛盾するプロセスと格闘している。ひとつは統一化、もうひとつは多様化の維持と再建を目指すものだ[1]」。

（1）参考文献【1】四一八頁。

社会生活の発展は、外来の文化がもたらすものに依存する一方で、それらに脅かされている。この逆説についてのレヴィ＝ストロースの言葉を確認しておくことは、社会科学の観点からセクト現象を理解しようとする試みの出発点として有益である。実際、セクト現象は、文化的アイデンティティの均質化によって脅威の感覚が引き起こされて生じることもあれば、他者との差異を完全に消去しようとする普遍主義志向の欲望が嵩じてもたらされることもある。第一の場合は、集団はアイデンティティの喪失を恐れ、アイデンティティを確固たるものとするために、外界に対して門戸を閉ざす。第二の場合は、集団は国境や社会の違いを無視して意に介さず、勢力を拡張しようとする。いずれにせよ、そのような集団は、社会の多数派の不安を引き起こす。第一の場合が人びとの不安を駆り立てるのは、集団の閉鎖性が疑念を呼び起こすからだ。内部では何が起こっているのかわからない。あらゆることが想像され、つねに最悪のケースが検討される。第二の型の集団は、当該社会の特性を否定し、社会全体を侵害するものと受け止められる。第一の場合よりも激しい反応を引き起こし、苛烈を極める弾圧に至ることもある。

「セクト」という語は、あらゆる言語に存在するわけではない。少なくとも、この言葉が出現する時期はさまざまである。とはいえ、社会に対して外在的な起源を持ち、社会の集合的アイデンティティに統合できないと見なされる団体や集合体に対して不安を抱くことは、あらゆる時代と場所に見出される。この不安感は解消されず、同じような反応を引き起こす。セクトは、一見したところ宗教的価値を担っているような印象を与えるが、実際には社会的に同化されない組織のことを指す。一九九六年に出たフランス議会の報告書は、社会に同化することのできないセクトの指標をいくつか提示している。「精神状態を不安定にする、金銭の要求が常軌を逸している、発祥地から切り離された経緯がある、身体の健康を損なうものである、子供を組織に強制加入させる、多かれ少なかれ反社会的な言説を吐く、公共の秩序とトラブルを起こす、裁判沙汰が目につく、伝統的な流通経済のあり方からしばしば逸脱している、公権力の領域に進出する試みが見られる」[1]。これらの指標の多くは、社会秩序に敬意を払わないことにかかわるものである。ところで、既存の秩序に抗えば、社会からも政府からも反応を引き起こす。このことは、あらゆる文明において、太古の昔から見られることである。

(1) 参考文献【2】一二頁。

たとえば、バッカナリア事件(バッカナリアはイニシエーションをともなう祭儀集団の名前)は、紀元前一八六年にさかのぼるが、すでにこの基準が存在していたことを示している。信奉者はイタリア全土に広がり、夜な夜な秘密裡に集まっては、酒神バッカスに敬意を表すると称して宴会を開いていた。彼らは悪の道に引きずり込まれ、身を持ち崩していると見なされていた。ボドゥアン・ドゥシャルヌーは次のように述べている。彼らの儀礼に対する人びとの不信感を受けて、「執政官は告発されたさまざまな事実を人びとに周知することを決定した。(……)堕落した風俗を説き勧める奇妙な礼拝と、ローマの神々は混同されてはならなかった。(……)執政官は、これらの実践は無害な礼拝でも、許容できる気晴らしでもないと、人びとに知らしめようとした。調査してみると、バッカスの信奉者は何千人もいて、治安を脅かす危険な存在になっていたという。女性や女装した男性が、あらゆる悪徳にふけり、酩酊状態で深夜に騒ぎ、乱行を繰り広げていたとされる。そして、これらの興奮状態の人びとは、ローマ帝国の治安そのものにとって脅威であるとされた。(……)執政官にとってさらに重大だったのは、この組織の責任者たちが『神々の威厳』を隠れ蓑にして、尊重すべきものであるかのような外見を自分たちの非合法的活動に与えていたことである」[1]。ローマ時代においては、イニシエーションをともなう団体が百花繚乱の状態であり、公共の秩序に対する脅威の感覚は、偽物の宗教と見なされるものによって引き起こされていた。それは、一九九六年にフランスの代議士たちが、「セクト」の危険に社会の目を開かせようとした感覚と似ている。

（1）参考文献【3】三七〜三九頁。

セクトという言葉は、こんにちでは完全にネガティヴな意味で使われるが、まったく別の運命をたどったかもしれないものだ。多くの言語において、この言葉には最初「学派」の意味合いしかなかった。ピエール・ダレは、哲学史のなかでセクトという語がどのように使用されているかを研究し、次のように指摘している。この語は「ラテン語のセクタ（secta）から借用したもので、それは『生き方』や『政治上の行動方針』、『哲学的学派』を指し、やがて『宗教的学派』をも意味するようになった。この語は、本義と転義において、セキー（sequi）『したがう』という意味になっていく。フランス語では、セクトは最初『宗教的または哲学的教義』という意味で（一一五五年）、やがて『仲間』や『したがう者』という意味を持つようになった（一二〇〇年頃）。この意味は一六一一年の時点でも見られるが、その後消滅した。（……）こうしてセクトという語が、同じ師を拠り所とし、その師の哲学的、宗教的、政治的な教義または見解を主張する人びとの集団のことを指すようになってから久しい」[1]。

（1）参考文献【4】一八〜二〇頁。

このような意味は、他の文化の文脈にも見出される。たとえば、クリストフ・ジャフレロは、ルイ・ルヌ〔二十世紀中葉のインド学者〕にしたがいながら、次のように説明している。「大いなる伝統としてのヒンズー教は、『さまざまなセクトの集合体』のようなものとして提示され、サンスクリット語ではサンプラダヤ（sampradaya）と名づけられている（サンプラダ samprada は『伝達』の意）。というのも、セクトの本質とは、創設者であるグルの言葉――それ自体が啓示を反映する――を『師から師へとたえず伝達していくこと』に存するからである」[1]。中国研究者のフランソワーズ・ロワエルもまた、中国語で「教」ジャオ（jiao）という言葉は、「セクト」と訳されるが、「教え」の意味だと強調している[2]。アラビア語で「『セクト』と訳される言葉はフィルカ（firqa）、複数形はフィラク（firaq）である。この言葉には、ヨーロッパ諸言語における『セクト』という言葉につきまとう軽蔑的な意味合いはまったくない。ファラカ（frq）という語根には分離や区別の意味があり、同じ語根から生じたアルフルカーン（al-furqān）は善悪の区別を意味し、コーランを指す言葉のひとつである。フィルカは、第一義的には異端や分派による『セクト』を指すものではない。氏族や部族の『分岐』を指す言葉でもある」[3]。

（1）参考文献【5】一八頁。
（2）参考文献【6】八頁。
（3）参考文献【7】一九三頁。

しかし「セクト」という言葉は、「切断する」を意味するラテン語セカーレ（secare）にも由来する。この場合は「多数派の教会や公認宗教から遠ざかり、特殊な神学的見解に依拠する人びとの集団」を指す[1]。フランスでは、この意味でセクトという言葉が用いられたのは一五三一年の勅令においてであり、「ルター派セクトおよび他の否認されたセクト」と呼ばれている。この場合は否定的なニュアンスがある。同様の現象が十四世紀の中国でも起こっている。仏教系組織の白蓮教が、国家から排斥されたのである。「すると白蓮教という呼称そのものがひとつのカテゴリーとなり、体制転覆的とされる運動に貼るレッテルとして用いられるようになる[2]」。もっとも、これは十四世紀までセクトが存在していなかったということではない。それまで非公認の「異端的」な運動には、「倒錯」を意味する「斜」(xie)という言葉が当てられていた。

(1) 参考文献【4】二一頁。
(2) 参考文献【6】一八三頁。

紀元前および紀元前後のギリシアの哲学者も、正統や異端の観念を発達させた。これは「所与の宗教的実践や、多数派の慣習に対する態度表明」にかかわるものだ。初期キリスト教の時代の異端者は、すでに「病人になぞらえられており、異端と言えば病気にたとえられていた。異端者は、最も古くから存在する理念に反する教説のために堕落しているとされた」。ボドゥアン・ドゥシャルヌーは述べている。「サラミスの司教エピファニオスは四世紀の異端反駁者だが、彼の著書『パナリオン』は薬棚、または薬籠と訳すことができる。つまり著者は、異端の解毒剤を提供し、病気になった身体に健康を取り戻させようとしたのである[1]」。

（1）参考文献【3】三二頁。

どのような言葉が用いられるにせよ、正統の観念が存在し、中央集権的な国家が発達する場所ならばどこでも、別の生活様式を主張し、公共の秩序に背くと見なされる社会的行動を取る異端的な組織は問題視される。そのような団体は、個人にとっても社会や既存の秩序にとっても脅威であると受け止められる。さまざまな文化における歴史的事例を通して把握されるべきなのは、まさにこのように共有されている脅威の感覚である。ある集団の受け入れが拒絶されるのは、何に依拠しているのか。なぜそのような集団は、社会の成員から、非社交的で同化不可能で社会性を喪失させると見なされるのか。このような集団が社会に不安を与えるのは、その正体が特定できないからというだけの場合もあるし、既存の宗教や国家の制度をはみ出して発展するからという場合もある。常識的な礼儀作法に挑戦するからという場合もある。共通しているのは、多少なりとも集権的な社会が宗教に期待していることに、背いているという点である。セクトは、個人の社会化を促す代わりに、個人を孤立させてしまうのだ。

したがって、セクトの脅威は最初の社会が組織されたのと同じくらい古い。ではなぜこんにち、セクトの脅威の再発見がこれだけの驚きをともなっているのだろうか。セクトの脅威そのものは変化していない。しかし、社会が近代化すればセクトの息の根は止まるだろうと思われていたのだ。ところが、一九七八年、人民寺院というアメリカのユートピア的な集団が一〇〇〇人近くの集団自殺をして、近代化を遂げた国々を恐怖に陥れ、セクトの脅威という感覚を目覚めさせた。どうしてこのような事件が、世俗化され合理主義を指針としているように見える世界のまっただなかで起こりえたのだろうか。

セクトを歴史的な文脈のなかに位置づけたうえで、現代のセクトのあり方について考えてみるのがよいだろう。それは何に似ているだろうか。糾弾の理由として新しいのはどの点か。なぜ「セクト」なるものは、グローバル化が急速に進む現在の状況下で、あらゆる社会の反感を同じように買うとはかぎらないのか。国家によって、同じ集団に対する反応が異なるのはなぜか。

セクト現象に対する本書のアプローチは不完全なものである。それは個々の社会的事実を関係づける点において社会学的であり、集団内部の様子に分け入ろうとする点において人類学的である。このアプローチは、通常セクトに対して注がれている多くのまなざしを脇に追いやる。つまり、反セクト団体の戦闘的な視点、傷を負った元信者の視点、心理学者の視点、家族の視点を中心にはしていない。セクトにひとつの定義を与えるには、国家、法律、文化、家族、個人といった数々の変数の全体を、さまざまな学問分野を横断する学際的な視点のうちにとらえる万華鏡のようなものを準備しなければならないであろう。これらの変数すべてが、ある集団の印象に影響する。誰もが納得するような定義を最終的に下すことはできそうにない。本書は、セクトから適切な距離を保ち、できるだけ情念を交えずにセクトを問うことを提案するものである。

第一章　歴史のなかのセクト運動

I　キリスト教

1　誕生期のキリスト教

「教会は成功したセクトである」とエルネスト・ルナンが定義したことは、よく知られている。この定義はキリスト教の歴史を要約している。キリスト教は最初、ヘレニズムの伝統に忠実であったギリシア人たちから、国家および個人にとって脅威である危険なセクトと思われていたことを想起しよう。当時のキリスト教に対する批判として書かれたものの大半は、のちの時代に破壊され痕跡をとどめていないが、二世紀のギリシアの哲学者ケルソスの手になる『真理の教え』は、灰塵に帰すことを免れた。(1) 辛辣な反キリスト教的な論駁書として有名なこの書物には、新宗教によって引き起こされた警戒感がよく表われている。ケルソスは、このよそ者の「宗教」の到来に、「世間知らずで、教養がなく、粗野で野蛮な思想」の侵略を見て不安を覚え、これに反対すべきであると説いている。この宗教は、「理性と論理に基づき合理的に議論を交えるギリシア哲学の思想の模範」に疑問を呈し、それを「不明瞭で一貫性を欠いた信念の形態」で置き換えている。この信念は「論証抜きの断言、偏見、迷信、作り話、空約束」からなっている。この新宗教は、最も恵まれない者たちしか引きつけることができない。というのも、その代表者たちは、「頭の弱い者たちの無知と信じやすさと恐れにつけ入る詐欺師、ペテン師、恥知らずの成り上がり者」以外の何者でもないからだ。誕生期のキリスト教は、ケルソスをはじめとする当時の哲学者たちから、人心を操るのによくできていると思われていたのである。キリスト教徒は「世間知らずが彼らのセクトに加入するのを拒むと、神の懲罰で脅して恐怖に陥れる」。キリスト教の精神的指導者たちは「いかさま祈祷師」だ。彼らは「治るといい加減な約束をして、信者たちを（古代の科学教育を受けた）本職の医者から奪い取り、公衆衛生を妨害」している。ケルソスはさらに、この新宗教が「都市国家と公共生活の共通の規則」に対して無関心であると批判している。そしてこの無関心は「真の目論見、すなわち社会秩序を蝕み、国家のなかに国家を形成するという二重の目的と連動している」。こうして「帝国がこれだけの危機を迎えている時代にあって、彼らは国家防衛のために人びとと力を合わせるどころか、法律にしたがわず、当局に対する陰謀を企て、兵役の義務を逃れるなど、社会に分裂をもたらし、国家を危機にさらしている」。歴史家ヤニス・タナセコスは、次のように結論づけている。「要するにケルソスは、キリスト教徒の言動が、まるで社会と国家に対していかなる義務も負っていないかのようであることを、批判しているのである」[2]。このような新しいキリスト教徒たちが国家の脅威とされていたことが、マルクス・アウレリウス・アントニヌス皇帝下で彼らが受けた厳しい弾圧を正当化することになった。

(1) ケルソス『真理の教え』(一七七〜八年)の原書は現存しないが、オリゲネス『ケルソス駁論』(二四八年)が逐語的に引用しつつ反駁していることから復元可能〔訳注〕。

(2) 参考文献【8】四五〜五四頁。

2 拡大期のキリスト教

初期のキリスト教会は、現代のセクト——少なくとも一九九六年の議会報告書の見地から見たセクト——を性格づけているものと、多くの共通点を持っている。しかしながら、このようにキリスト教を不安視する見方は、昔のギリシアの哲学者に固有のものではない。普遍主義的な志向を有するこの宗教は、それが広まる国々の文化的固有性を軽んじるところがあるため、アジアでも厳しく弾圧された。このことは、中国、日本、朝鮮でも同様である。フランソワーズ・ロワエルの説明によれば、中国において一神教は、国家指導者たちには「まったくの思い上がりであり、とりわけ社会の安寧に対する重大な脅威であると見なされた。キリストの人格性は、儒教知識人の目には馬鹿げていて良俗に反すると見えた。(……)キリスト教徒は、天子に対する不敬、先祖祭祀の拒否、男女の(相対的)平等など、その体制転覆的なメッセージとセクト的な振る舞いによって非難された」[1]。

（1）参考文献【6】一八四頁。

日本では、キリスト教は一五四九年に伝えられた。それは最初、長引く戦国時代（一四六七〜一五七三年）によって弱体化した国家と社会再建の時期を利用して、かなり急速に社会全体に広まった。社会は、もはや伝統的な宗教には見出すことができない、新しい倫理的理念を求めていたのである。それに日本人は、ヨーロッパの近代的な文化に魅力を感じていた。太閤豊臣秀吉は、最初のうちはこの新しい宗教に一定の親近感を表明していたが、それが急速に勢力を拡大するのを見ると激しい弾圧を加えた。一五八七年より、イエズス会が禁止された。キリスト教に改宗した者たちは、流刑や死刑を免れたいのであれば、棄教しなければならなかった。一〇年後、秀吉は長崎で二六人のキリスト教徒に磔刑を命じた（日本人二〇人、宣教師六人）。一六一四年、将軍徳川家康は国内で新たな戦争が起こらないようにするため宗教統制を強化し、キリスト教会に弾圧を加えて日本からほとんど根こそぎにした。日本は外の世界に門戸を閉ざす形で再建され、キリスト教は外国の脅威と受け止められた。キリスト教徒は、神道の神々とは異なる神を信じる反社会勢力で、日本文化とは相容れないと考えられていた[1]。

（1）参考文献【9】六三〜七八頁。

朝鮮でカトリックが弾圧された理由もこれと別様ではない。朝鮮では、西洋哲学に関心を抱いた外交官たちが、この宗教について記した書物を中国から直接持ち帰った。朝鮮の教会は、これらの書物に魅了されたある進士〔李承薫《イスンフン》（一七五六〜一八〇一年）を指す〕によって、十八世紀末にほとんど自発的に誕生した。彼は自分の手で「カトリック」教会を設立し、外国の宣教師の介入を受けずに最初の「聖職者集団」の位階制を組織し、中国の司教の介入があるまでは、聖職者を任命し、洗礼を施していた。この朝鮮自前の組織に終止符を打った中国の司教は、自己流でキリスト教信者になったと称する者たちに対し、キリスト教徒になるには先祖祭祀を断念し、さらには国の公認宗教で社会秩序の拠り所でもある儒教を捨てなければならないと説いた。このように先祖祭祀を拒否し、王よりも高い地位を神に与え、礼拝儀礼に男女の相対的平等を導入することは、当然ながら「伝統社会の家族構造に対する脅威であり、ひいては社会ないし一国全体の統一性に対する脅威であると見なされた[1]」。この脅威は充分大きなものと見なされ、キリスト教徒は激しく弾圧され、多くの者が処刑された。

（1）参考文献【10】一七頁。

Ⅱ　キリスト教の分裂

このように、当該社会の社会的・政治的・経済的な文脈は、宗教的感情のあり方や、ある宗教の発展の仕方に大きく影響する。これらの文脈において弱点が露呈してくると、それは不安の源泉になる。社会の支配的宗教には現世の福利と来世の救済を保障するだけの力があるのか、という疑念が出てくるかもしれないからだ。このとき人びとは、他の文化圏の宗教モデルに関心を抱くようになる。それだけでなく、批判の声をあげ、欠点を見直し、新たな解決策を提案して、宗教の変革を試みることも可能である。支配的モデルが批判に耳を傾けないときには、分裂に至ることもある。ドイツの神学者にして社会学者のエルンスト・トレルチ（一八六五〜一九二三年）が示したのは、キリスト教には終末論の問題を異なるやり方で取り扱う二つのモデルがあり、その緊張関係がキリスト教に内在する形で最初から存在していたということである。教会は、普遍主義を志向し、拡大しながら構築される。そして、政治や社会と妥協する用意がある。世界の終末を待望する純粋な信者たちだけでできた集団と、教会は最初から衝突するようにできている。この緊張関係はキリスト教の歴史全体に及び、さまざまな時代に見られるが、それがヨーロッパにおいて特殊な形で具体化したのは、やはり十六世紀のプロテスタントの宗教改革においてである。当時の社会は、長期にわたるさまざまな問題を抱えて不安定な状態に置かれていた（百年戦争、黒死病、度重なる飢饉など）。不安に駆られた人びとは、世界の終末が近いと考え、地獄に落ちないためにはどうすればよいかと自問した。カトリック教会がこの苦悩の重要性に気づいたのは遅すぎた。不満が増大し、プロテスタントの宗教改革を引き起こした。宗教改革は二種類の集団を生み出し、この内在的な緊張関係を再び顕在化させた。一方にあるのは、ルターやカルヴァンが創設した改革教会のモデルである。他方で、黙示録的傾向の強い過激なセクトが数多く生まれた。エルンスト・トレルチと並んで、ドイツの社会学者マックス・ウェーバー（一八六四〜一九二〇年）は、この原初の緊張関係に言葉を与えて、初めてセクトを社会学的に定義した。これは教会とセクトを対置する弁証法的な定義である。

1 改宗

教会とセクトを区別する最初の要素は、改宗の有無である。教会に加入するには意志を必要としない。教会への所属は生まれながらのもので、あえて要求するには及ばない。それは個人の選択によるものではない。教えを守らない信者と、篤信で敬虔な信者が隣り合っていてもよい。教会は普遍主義を志向する。これに対し、セクトの本質は普遍主義を断念している点にある。意志的な手続きを踏んで改宗し、その回心の意義を認められた人びとだけで構成されているのがセクトである。この二分法は、宗教改革の指導者たちの問題意識と重なり合う。カルヴァンにとって、「改宗とは意志の方向転換であって、それによって私たちは原罪の支配から解放されるが、それは漸次的なものであるから、この世の生が続くかぎり改宗が完了すると考えることはできない（……）。信仰によって自分が神に選ばれていると意識する者は、死に至る日まで毎日必死に原罪と闘わなければならない。なんとなれば、たえず再生するこの罪が意志の問題であることを、当人自身がよく知っているからである」[1]。ルターもまた、理念としては次のように望んでいた。「真剣にキリスト者たろうとし、言葉と行ないにおいてキリストの教えを認めようとする者は、ひとりひとりでそのことに取り組み、独自の場所に集まる。（……）この種の礼拝においては、キリスト者として振る舞わない者は、そのような者として認知され、処罰や劫罰を受け、排斥または追放されることがある」[2]。もっとも、ルターとカルヴァンは、このような信者の共同体の実現可能性については疑問を抱いていた。彼らの考えでは、それは現実ではなく、到達できない理想であった。それでも根源的には、宗教改革は「弛緩しきって存在しないに等しかった当時の権威を、別の権威で置き換えようとする」さまざまな集団を生み、「公的ならびに私的な生活の全領域にわたって、このうえなく厳しい行動規則を課そうとした」[3]。

(1) 参考文献【11】一四二頁。
(2) 参考文献【12】二一九〜二二二頁。
(3) 参考文献【13】二三頁。

2 権威の様態

教会とセクトの要求は異なるため、権威の様態にもそれぞれの特徴がある。教会は「専門職の聖職者集団」に依拠する制度で、「聖職者たちの地位は、給与、経歴、職業的義務、独特の生活様式によって規定されている」[1]。彼らは「ある恒久化された企業の役人であり(……)、一種の社会化された組織の役人」である[2]。セクトはこのような司祭職への召命を官僚化することに反対し、「制度による恩寵」――大勢の人びとに与えられる恩寵――を拒否するとともに、「役職から生じるカリスマ」――初期のキリスト教徒においては、カリスマは奇跡や啓示を得ることができる個人の資質に依拠していたが、それが専門職化された――を斥ける。セクトは、このような役人集団とたもとを分かち、一般信徒が改革者やカリスマ的な預言者の周囲に集まる形の共同体になる。

（1）参考文献【14】二五一頁。
（2）参考文献【15】一七三頁。

3 分断する力

セクトは教会とたもとを分かつと同時に、社会からも距離を取る。セクトとは、分断する力なのだ。セクトは教会を批判するが、それは教会が社会と妥協し、政治権力と結託した結果、本来の真正さを喪失したとされるためだ。これに対し、セクトは非政治的、さらには反政治的であり、集団の基本原則を実行しない者との妥協の余地はまったくない。教会は、社会を肯定し、再生産する。社会のなかで機能し、その権威は万人に及び、社会の参照軸となる。セクトはこれとは反対に、辛辣な批判を展開し、法への屈服を拒否することから、社会を不安にさせ、その平穏を脅かす。

4 慣習化

セクトは要求が多く、そのままでセクトが長期にわたって存続することは難しい。社会とのいくつかの妥協を受け入れたところで「慣習化」がはじまる。セクトの設立者の死をきっかけとして、共同体の宣教形態が次第に役所風のものになることは珍しくない。セクトの発展につれて、多くの信者の日々の要求を考慮する必要が生じてくるのである。集団は少しずつ社会のなかでの位置を獲得していきながら、「必要範囲内で財政上の形態や、税金がらみの経済的条件に適合していくことになる」。するとセクトは、いわゆるセクトの典型であることをやめる。もっともそれで教会になるわけではないが、それでも制度化の流れに乗ろうとするのである。

改宗の有無、権威の様態、切断する力、慣習化。ウェーバーとトレルチが取り出したこれらの基本要素が、キリスト教の構造的緊張関係のもとであり、社会学者がセクトを同定する指標となっている。この類型はもっぱらキリスト教に適用されてきたもので、こんにちのいくつかのキリスト教共同体を描き出すにも役に立つ。しかし、別の文脈で用いることは容易ではない。ただし、他の宗教でもこのような二種類の組織化モデルを見出すことは可能である。

III　キリスト教以外の宗教における分裂

1　鎌倉時代の新仏教運動

ウェーバーとトレルチの類型論を別の場所でそのまま当てはめることは危険かもしれないが、宗教刷新運動が分裂に行きつく場合の特徴は別の場所でも見出すことができる。その例として、十二世紀の日本ではじまった鎌倉時代（一一八五〜一三三三年）を挙げることができよう。当時は仏教の一大変革運動が起こり、セクトの特徴を備えたさまざまな集団が生まれた。そのなかには、こんにち国際的な発展を遂げているものもある。それまで仏教はもっぱら貴族階級にかぎられていたが、これらの集団は仏教になじみの薄かった民衆や中間階級にはたらきかけた。それまでの実践は、仏教のある側面を排他的に強調し、複雑な儀礼からなる密教的なものだったが、新たな集団はこれを単純化したのである。[1]

（1）参考文献【16】五三〜五七頁。

自分たちは人類の歴史の最後の段階にいるという意識が、宗教的要求の変革の重要な要因となるのはどこでも同じである。信者たちは緊迫した状況におかれる。こうして、浄土教の開祖である法然（一一三三〜一二一二年）は、封建時代の幕が開けた当時の大きな社会変化を嘆き、人類が堕落する時代がはじまったと述べた。もはや人間が自力で悟りを開ける時代ではない。仏教は堕落し、いまや生命を失った教義と化している。唯一の解決策は、阿弥陀如来の絶対救済の力にすがることである。それまで貴族階級のものだった瞑想やその他の儀礼は、阿弥陀念仏という簡単な実践に取って代わった。法然の後継者で浄土真宗開祖の親鸞（一一七三〜一二六二年）は、改革を推し進めて出家と在家の区別を取り払い、僧侶の妻帯を認めた。

日蓮（一二二二〜八二年）を開祖とする日蓮宗は、ずっと時代を下ると創価学会をはじめ多くの日蓮宗系宗教団体のもとになっている。日蓮もまた当時の社会状況に強い関心を寄せ、危機にある国を立て直さなければならないと考えた。また、自然災害や人間を襲う不幸に、仏教退廃の端緒を見た。真の仏教を確立しようとし、南無妙法蓮華経を唱え、他の宗派はみな間違った教えを説いていると批判し、政府を敵に回した。政府は日蓮の布教活動を禁止し、島流しにした。自分たちの教え以外の教えすべてを斥けるこの宗派が持つ断絶の力は、いかなる社会活動もしないで現世の悪から身を守ろうとするものではなく、むしろ現世での活動に猛々しく従事しようとするものだ。この宗派はこの世の変革を使命とした。それだけに、平穏を乱された国家の激しい怒りを買うことにもなった。

2 ユダヤ教における分裂——シャブタイ派運動からハシディズムへ

セクト的な性格を持つ分裂のもうひとつの例として、ユダヤ教を動揺させたシャブタイ派運動を挙げることができる。シャブタイ・ツヴィは、十七世紀のスミルナ〔現在のトルコのイズミル〕に現われたユダヤ人のメシアで、エルサレムのラビ法廷から破門された。王国の再建を唱える黙示録的な運動の創設者で、ゲットーに反対する一方で、「正統」ユダヤ教の教えはあまりに魅力に欠けていると批判した。ヨーロッパ諸国が勃興するなかで、ユダヤ人は大きな混乱を経験していた。スペインでは追放され、一六四八年にはポーランドで大量虐殺が起きた。このような時期に、シャブタイ・ツヴィは地中海の東海岸全域に及ぶ多くのユダヤ人を魅了し、ラビたちを分裂させた。ラビには侮辱の言葉を浴びせることもあったが、熱心な信者には「まもなく運命の輪が回る」と希望を与えた。一六五六年、シャブタイ・ツヴィはコンスタンティノープルで律法に背く発言をする。「ラビ・ユダヤ教の権力にはしたがわない、もっと高次の法にしたがう」と宣言したのである。このような神の王国の回帰には、キリスト教の異端の場合と同じように、「伝統的な法と制度を否定し信仰を強調する」姿勢が見られる。一〇年後、シャブタイ・ツヴィは「ユダヤ人のあいだに反乱の嵐が巻き起こるのを恐れた」トルコ人に捕えられ、スルタンの面前で棄教を宣言してムスリムになり、一六七六年に世を去った[1]。

（1）参考文献【17】の書評。

一〇〇年後のポーランドでは、ハシディズム[1]という新たな潮流によって、再びメシア待望が信仰の中心問題になる。この潮流はさまざまな共同体の総体からなるものだが、こんにちおそらく最も有名なのは、非常にカリスマ的なラビでメシアと考えられたシュネルゾーン[2]によるルバヴィッチ派だろう。ハシディズムは、シャブタイ派の新ヴァージョンなのだろうか。いずれにしても、この問いが、十八世紀のポーランドにおけるハシディズムの発展を目の当たりにした当時の有名な碩学ザロモン・マイモンが抱いた懸念であった。彼はハシディズムを、「非常に厳格な信心によって他の者たちから区別される信者たちが集まった（……）民族意識を持つセクト」であると特徴づけ、その共同体では「若者が親や妻や子供を捨ててまで指導者のもとに走り、その口から新しい教えを聞こうとする」と述べている[3]。こうして「潜在的な異端の嫌疑をかけられたハシディズムは、厳格で学識を備えたラビたちとのあいだに激しい紛争を引き起こし」、この運動のメンバーに対する「破門通告まで出た」[4]。彼らは理性の敵である幼稚な信仰を広め、学問よりも祈祷を重視し、「民衆を無知蒙昧にする詐欺行為」をはたらいているとされた[5]。

(1) 十八世紀にバアル・シェム・トーヴがはじめた敬虔主義運動。少人数によるタルムードの学習よりも大勢による祈りの重要性を強調。ユダヤ教の主流からは離れず、現代の超正統派の源流をなす〔訳注〕。
(2) ラビ・ヨセフ・シュネルゾーン(一八八〇〜一九五〇年)は、帝政ロシア時代にベラルーシのルヴバヴィッチを拠点にしたレッベ(ハシディズムの指導者)。ソ連時代に追放され、ナチスを逃れて渡米、ニューヨークのブルックリンにハシディズムの共同体を形成して世俗社会に対峙した〔訳注〕。
(3) 参考文献【18】一二六頁による引用。
(4) 参考文献【18】一二七頁。
(5) 参考文献【18】一三〇頁。

しかし、ユダヤ教には正統派というものがない。ディアスポラであるために、ユダヤ教は必然的に順応性を備えて多極化することになった。ユダヤ教は遭遇する文化の影響を受け、その内側にさまざまな異端の要素を抱え込んだ。実践さえ守られていれば、矛盾する解釈も受け入れたのである。ロランス・ポドセルヴェによれば、この宗教のまさに核心部分をなす特徴は「境界線の不明確さ」が存在するということで、それは「ユダヤ教へのかかわり方がどのようなものであろうと、ユダヤ人は別の宗教に改宗しないかぎりはユダヤ教徒であって、ユダヤ人の総体を意味するクラル・イスラエル[1]を構成しているという、ユダヤ人が共有している信念に合致する」。こうしてハシディズムは、ユダヤ教に分裂をもたらさなかった。時間が経つにつれ、「ユダヤ教の正統的な文化の一角を形成するもの」にさえなった。[2] ウェーバーやトレルチによるセクトの概念は、もともとキリスト教における緊張関係を叙述するのに使われたものなので、文脈に応じてさまざまな形態を取るユダヤ教にそのまま当てはめるのは、かなり無理がある。

（1）「ケヒラー」はユダヤ人共同体に相当するのに対し、「クラル・イスラエル」はユダヤ人の全体を指す〔訳注〕。
（2）参考文献【18】一三八～一四〇頁。

3　イスラームにおける分裂――シーア派からバハーイー教へ

このように文脈に応じてさまざまな形態を取るのは、イスラームにも見られる特徴である。イスラームは預言者の死の時点から最初のカリフの任命をめぐって分裂しており、真の正統派というものがない。イスラームを構成するさまざまなセクトは、分裂をもたらすものではなく、信仰告白とメッカ巡礼という二つの重要な要素によって結びついている。そうしたなかで多数派を占めるのがスンナ派だが、スンナ派も複数の学派に分かれ、学派間には矛盾もある。それでもスンナ派としての統一性を保っているのは、ひとえにマホメットに忠実で直接の後継者だった最初の四人のカリフを認めていることによる。他の分岐は、これらのカリフを拒んだことに端を発している。

こうして七世紀に形成されたのが、ハワーリジュ派である。ハワーリジュ派の一味は、第四代正統カリフのアリーの正当性を拒み、六六一年にアリーを暗殺した。彼らが望んだのは、カリフはマホメットの身内か否かではなく、神への忠誠と非の打ちどころのない道徳性の観点から民主的に選ばれるべきだということである。彼らはまた、宗教がこの世の法に適合するためにその原理を曲げるのではなく、政治が神の法にしたがうことを望んだ。罪人たちに対しては、破門と死刑宣告で戦おうとした。このような過激思想の持ち主たちは、いわば「イスラームのピューリタン」であって、ウェーバーやトレルチが言うセクト概念のいくつかの要素を先取りしていたことになるが、ただしそれに対置できる確固たる教会のようなものがあったわけではない。

同じ時代、さまざまなセクトから構成されたシーア派は、カリフの地位を拒否し、それにイマーマ〔宗教指導者であるイマームの地位〕またはワラーヤ〔「神の友」を意味し、のちにスーフィズムの理論に取り入れられた〕を対置した。アリーは神によって選ばれた最初のイマームであると考えられ、マホメットの直接の子孫として秘密の知識を受け継いでいると見なされた。しかしながら、シーア派はイマームの数をめぐって分裂する。イスマーイール派にとっては七人、十二イマーム派にとっては一二人である。十二イマーム派においては、ハッサンの息子で最後の十二代目のイマームであるマホメットは、まだ子供のうちに幽隠の状態に入り、終末のときに再臨すると考えられている。

ペルシアに十九世紀に出現したバハーイー教は、シーア派の流れを汲むもので、バハーオッラー〔「アッラーの栄光」の意〕の名で知られるホセイン・アリーのなかに待望のイマームの姿を認め、この人物が「神の日」という新時代を切り拓くことを期待する。そのためこの潮流は、シーア派のイスラームとの断絶において形成され、シーア派の歴史を終わらせることを目指すものであった。多くのメシア運動に共通することだが、バハーイー教徒たちは宗教進化論的な見地に立って、シーア派の役目は自分たちの到来を告げることであって、自分たちがシーア派を完成するのだと考えていた。彼らとともに「完成の周期」がはじまるのだとされた。バハーオッラーの到来は、バーブ〔幽隠の状態にあるイマームと交信することができる代理人〕の名で知られる若い商人ミールザー・アリー・モハンマドが予言していた。彼はバーブ教の創始者である。バーブ教は、新しい時代を迎えるために大きな社会変革を促し、女性や貧困者の地位という面や教育の面で、社会の近代化を目指した。その革命的な行動計画が、イランの既存の秩序の宗教的・政治的機関に懸念を抱かせるまでには、さほど時間がかからなかった。この運動――のちにはバハーイー教――のなかに「社会と政治の秩序に対する脅威」を見たのである。運動はまたたく間にイラン当局から弾圧された。バーブは逮捕され、異端とされて一八五〇年に処刑された。バーブの弟子のひとりであり、この弾圧を受けて亡命を余儀なくされたホセイン・アリーが、自分こそが約束の人間だと宣言したのは、わずか一三年後のことである。[1]

（1）参考文献【19】二〇一～二一三頁。

Ⅳ　戦闘的セクト

1　イスラーム主義者たち

ハワーリジュ派やバーブ教のようなイスラームの潮流に触れたところで、セクト活動のいくつかの形態がもたらす結果について分析しておこう。セクトは、教会の再生を最も遠くまで推し進めることを、みずからの使命としている。その際、世俗権力は必然的に悪魔のように見なされるが、世俗権力と隔絶しようとする場合と、逆に世俗権力に挑みかかっていく場合とがある。キリスト教のセクトのなかには、アナバプテスト（再洗礼派）のように、悪魔のような社会に直面して、平和的な態度を取るものと好戦的な態度を取るものとがあり、二つの反対向きの分派をみずからのうちに抱えることがある。このような攻撃的な姿勢は、純粋さを求めるいくつかのムスリムの集団にも見出すことができ、彼らは普遍主義を唱えている。イスラームにはさまざまな学派があり、学派同士が反目していることもある。各学派は真理の道の担い手を自任し、罪にまみれた世俗世界にその道を説かなければならないと考えている。好戦的なセクトには、自分たちの掟の支配を実現するには、殺人も厭わないものもある。そのようなセクトは、神の法がほんのわずかでも世俗の法に合わせて妥協することを、受け入れることができない。折れるべきなのは世俗の法の側だというのである。このような要求は、ハワーリジュ派の時代から存在し、人の命を奪ってきたが、現代のムスリム国家やイスラームの影響力が強い国家に、いっそう深刻な結果をもたらしている。これらの国家は西洋の影響を受けているが、それが罪にまみれている状況と見なされ、イスラーム主義者の暴力の引き金になっているのである。彼らの要求は、外から持ち込まれた国家像を廃絶し、イスラーム主義国家を建設することである。「こんにちのマグレブのイスラーム主義者は、教義の刷新をもたらしてはいない（……）。彼らは同じ宗教的想像力にはたらきかけ、同じ基本的な主題について論じ、同じ方法で『純粋』な集団を組織する。この集団は、まず『不純な者たち』ときっぱりと手を切り、やがて万人に本来の純粋さを取り戻そうとする[1]」。彼らにしてみれば、世俗の法を取り入れることは「イスラームに改宗する前の無明時代であるジャーヒリーヤにムスリム社会を逆戻りさせ、人類を野蛮と異教の状態に置くことになる[2]」。

（1）参考文献【20】三二頁。
（2）参考文献【20】三四頁。

戦闘的セクトについて論じることで見えてくるのは、脅威の感覚のもうひとつの側面である。つまり、セクトの側が感じている脅威の感覚である。国家は公共の秩序を脅かしているように思われる集団を弾圧するわけだが、戦闘的セクトが国家を攻撃するのは、国家が社会の本来の純粋性を汚していると見えるからなのだ。この感覚は、汚れが外から持ち込まれて生活に根を降ろしていると思われるだけに、いっそう強烈なものとなる。イスラーム世界の外側にある教えが社会を耐えがたい退行に陥れようとしている、したがってそれを制圧しなければならない、というのが彼らの論理である。このように、戦闘的セクトは、政治秩序に不満を抱き、社会秩序に調和をもたらそうとする意志から生まれている。宗教的主張が強いのは、社会秩序がそれを見失っているとされるためである。

2　ヒンドゥー・ナショナリズム――ＲＳＳ（民族奉仕団）

ヒンドゥー・ナショナリズムは、社会生活の脅威に対する反応の好例である。イギリスの植民地支配と少数派であるムスリムの汎イスラーム主義が、土着文化の純粋性を脅かすものと受け止められたのである。ヒンドゥー・ナショナリストは、この外来の脅威と戦うために、ヒンドゥーの伝統的象徴を再解釈して再び自分のものとし、侵入者がもたらした文化に対抗しようと攻撃の姿勢を強める。植民地化は「官僚制度の導入とキリスト教宣教師の入植」を意味した。「官僚制はあっという間に功利主義的な原則に基づく支配を招き、宣教師たちは一八一三年以降大挙して押しかけるようになった。この二つの制度はヒンドゥー教に対する嫌悪感を共有しており、カースト制と偶像崇拝の多神教は、個人主義的価値に反するとして徹底的に批判された」[1]。その一方、二十世紀初頭のイギリス当局は「少数派からの支持を取りつけようと」ムスリムに対して好意的で、「さまざまな特権が付与されていく。その最たるものが一九〇九年の〔ムスリムに議席を別途設ける〕分離選挙制の導入である。このような差別が、ヒンドゥー教徒の一部に、自分たちは被害者であるという感覚を目覚めさせ、さらには激しい劣等感のコンプレックスを抱かせた」[2]。

(1) 参考文献【5】二八頁。
(2) 参考文献【5】三二頁。

自己防衛の精神から、ヘートゲーワールは一九二五年に「民族奉仕団」(RSS)を設立した。RSSの基本的特徴は、一般にセクトに認められる特徴を想起させる。周囲の環境からの断絶、あらゆる職業活動の断念、イデオロギー教育のプログラム、厳しい規律による「意志の条件づけ」[1]、弟子の年齢の引き下げ、「全知全能の」グルへの帰依とその権威への服従[2]、統合された家族への所属意識などである。戦闘的セクトとしてのRSSが目指していたのは、「社会にはたらきかけ、これを支えて変革し、組織と社会の外延が等しくなるあかつきには、社会そのものに発展的に解消する」ことである。この目的のために用いられた「戦略」が「慈善事業」である。「難民キャンプに衣類や毛布を配ったり(西のパキスタンからやって来たヒンドゥー教徒難民)、子供たちを学校に通わせたりした。幹部らの献身と規律が貴重な魅力となって、運動は大衆性を獲得した」[3]。逆説的にも、インドが一九四七年に独立を達成すると、RSSの躍進はネルーに阻まれた。ネルーは「ヒンドゥー国家」の建設には反対で、平和と信教の自由の再建を目指して「インドに残るムスリム少数派を保護」しようとしたのである。一九四八年にマハトマ・ガンジーを暗殺したナートゥラーム・ゴードセーはRSSの元メンバーで、ガンジーの活動はよそ者の権利を擁護するものであると批判していた。この暗殺は、対立の激化の嚆矢となった。武器と武器貯蔵庫が見つかり、二万人のメンバーが逮捕され、RSSの活動は一時禁止されたが、やがて権力を手にすることになる。

（1）参考文献【5】七一頁。
（2）参考文献【5】六八頁。
（3）参考文献【5】八二頁。

3　セクトの諸形態

ここまで、さまざまな文化的背景の事例を扱いながら駆け足で歴史を概観してきたが、セクトの両義的な性格を示すことができたと思われる。セクトは、幼稚な思考と迷信的な信仰を伝えるもので、熟考の論理とはまったく縁がないように見える。知性を侵害し、社会を退行させるものだと思われる。遠慮知らずの山師が作ったセクトは、人や社会の弱みに付け込み、法を遵守せず、社会秩序の転覆をたくらんでいるのであろう。紀元前の昔より、いかなる場所でも、セクトはその批判者から、個人の健全さと社会の平和を脅かすものだと見なされてきた。

しかし、「セクト」という総称的な言葉を使うことの難しさは、この言葉がある集団を客観的に定義している印象を与えることにある。しかるにその集団の受け止められ方は、時代や文脈に応じて異なる。

たとえば、普遍主義を志向する宗教は、それが征服しようとする土地の秩序や文化を尊重しないために、有害な集団と見なされることがある。ある国では多数派を占め、既存の秩序を代表している「宗教」も、別の規範に依拠している（植民地化されていない）社会では、「セクト」になることがある。とりわけその宗教が、すでにある潜在的な危機状態に加わる格好になると、弾圧が熾烈を極める可能性がある。

しかし、「セクト」という用語は、既存の社会秩序に反する価値観や態度を有する集団を定義する場合にのみ用いられるものではない。この用語は、宗教的正統派を批判し、袂を分かち、分派を作る運動を定義するときにも使われる。このような集団は、悪に対抗する宗教の力が疑われるような社会不安のある時代に現われることが多い。新しい運動はその際、旧来の宗教に対し、純粋さと真正さをはっきりと示すことを求め、そのためには全体的な統括を志向することをやめ、政治的なものとの妥協を断念すべきだとする。この構図において、旧来の宗教は、盤石な正統性を保持していると感じるよりも、批判の対象となって激しい攻撃を受けていると感じる。分裂は避けられず、異端的なセクトが生まれることになる。ただし、すべての宗教に中心化された正統性があるとはかぎらない。ユダヤ教、イスラーム、仏教には、さまざまな学派がある。これらの学派は、各宗教においてきちんと限定されている共通項をもとに形成されており、柔軟であると同時に厳格である。これらの宗教においては、ある過激な集団が批判を行ない、純粋さを求めたとしても、分派を生み出すには至らない。そのような集団は、脅威とはならない。というのも、ここでの宗教の土台は充分に広く、この種の集団に対して持ちこたえ、さらには内部に組み入れることさえできるからである。

「純粋さ」を求める小集団は、必ずしも宗教的正統派にとっての脅威とは受け止められないが、社会的正統派にとっては脅威と見なされうる。実際、そのような集団は、不純さから距離を置いて、悪が支配する社会生活への参加を拒否することを選ぶか、逆に普遍主義を唱えて、自分たちが持つ本来の純粋さを罪深い社会全体に広げていこうとする。そのためには、極度に暴力的な手段に訴えることも厭わないことがある。より高次の使命によって正当化されると感じているからだ。その暴力性は、外来の要素が社会に持ち込まれ、社会の退廃につながると見えるときには、いっそう強いものになることがある。たとえば、しばしば植民地化を通じて行なわれる西洋的価値のグローバル化は、防衛的なセクト集団を生み出すもとになっている。そのような集団は、社会を転覆するような観念から自分たちの社会を守り、本来の純粋さなるものを取り戻すことを使命とする。

こんにちにおける対セクト闘争を正当化する理由は、従来のものと異なっているわけではない。セクトは、教義を押しつけ、社会秩序を脅かし、分派を作り、自閉化したり、外に向かって征服をはじめたりする。しかしながら、セクトが広まる社会のあり方は、大きく変化した。そのため、非同化的なこれらの社会集団が作り出す問題の本質も、ずいぶんと変化している。

V　二十世紀における宗教情勢の変化

社会学者たちは、西洋社会の近代化は宗教にとって致命傷になるだろうと考えていた。合理性が非合理的なものを追い出して、宗教の時代の終わりを告げると思われていた。ヨーロッパでは第一次世界大戦終結以来、スカンディナビア諸国やイギリス、フランスで教会離れが起こり、それは社会学者たちの主張を裏付けているように見えた。例外をなすのはアイルランドくらいであった。しかし、いくつかの出来事が、この状況を逆転させていくことになる。個人は教義上の真理に関心を抱かなくなって制度宗教から離れたが、他の形態を取る宗教性が現われて、社会はスピリチュアリティが活性化する場に変わった。この予期せぬ現象は、西洋社会の近代化が引き起こした不安定や急速な変化の直接の結果であることが明らかになった。近代社会は「知識の発達によって作りあげられた合理的な確実性を考え直し続けるという、構造的に不安定な状況を生きている。このような不確実性から生まれる意味の欠落に直面せざるをえない近代社会は、過去の社会より『信仰心が薄い』わけではない。それどころか、信仰の対象となるものが増殖する社会なのだ[1]」。このような信仰対象の増殖は「近代の神話」を構成する新しい宗教運動によって支えられている。クロード・レヴィ＝ストロースが『野生の思考』において行なっている神話の定義によれば、近代の神話とは「無意味に対する途方もない抗議」なのである。[2] これまで共同体の生活に必要な意味を担ってきた教条的な宗教からの脱出は、コミュニケーション手段の近代化によって容易にアクセスできるようになった、他の文化圏に固有の信仰形態を発見することにより促された。

（1） 参考文献【21】三七二頁。
（2） 参考文献【22】二八五頁。

1 「エキゾチック」な文化への西洋人の嗜好

二十世紀には大量の移民が発生した。それにともなってさまざまな宗教が離散し、外国の宗教的習慣が間近で見られるようになった。北アフリカのイスラーム、東南アジアの仏教、インドのスピリチュアリティが、移民とともに西洋社会へやってきた。それらが移民たちのアイデンティティに意味を与えただけに、いっそう彼らは自分たちの信仰に執着した。これらの集団は、次第に西洋の環境に順応し、それに魅了される西洋人も出てきた。

一方、すでに十九世紀より、神智学協会の創設者ヘレナ・パヴロヴナ・ブラヴァツキー[1]のような人物がいて、東洋の宗教に魅了された旅行者たちは、それを西洋の一般大衆に広めた。彼らは宗教に対して新たな関係を築いた。それは教条主義ではなく習合的で、国境を越えて自由なスピリチュアリティの探求に向かおうとするものであった。

（1）ヘレナ・パヴロヴナ・ブラヴァツキー（一八三一〜九一年）は「近代オカルティズムの母」と言われる霊能者。一八七五年にヘンリー・オルコット大佐とニューヨークで神智学協会を結成。神智学という言葉は「神聖な知恵」という意味のギリシア語に由来し古くからあるが、近代神智学は、新プラトン主義、カバラ、占星術、錬金術などの西洋神秘主義と、インドや中国などの東洋神秘主義を接合し体系化した。日本にも「神智学協会ニッポン・ロッジ」がある〔訳注〕。

このような東洋への嗜好が新しく芽生えた理由のひとつは、同時代のダーウィニズムが成功を収めたことにある。まったく進化論に適合しないキリスト教は衰退した。この危機的な状況にあって、ヒンドゥー教や仏教の哲学は、個人が輪廻転生を繰り返すうちに進歩する可能性に開かれていて、進化論という新説に精神面で対応しているように見えたのだ。神智学協会はニューエイジのひとつの起源となり、こんにち発達しているさまざまな新宗教運動やセクトのもとになっている。インドに対する魅力は、おそらく数世紀前にアジア人が西洋科学に対して抱いた魅力と同じぐらい大きく、多くの西洋人は現地で彼らのスピリチュアルな渇望に答えることのできるアーシュラム〔修行場〕やグル〔ヒンドゥー教の導師〕を探し求めた。あるいは、西洋人のところにやって来る新しいヒンドゥー教のグルたちを歓迎した。するとヒンドゥー教は西洋の文化に適応し、新しい改宗者たちの要求に応じるために、もともとのルーツを離れ、本来の姿を失うくらい変化した。

イスラームの神秘学とスーフィズムが発達したのも、同じ文脈においてである。ヨーロッパ十九世紀末の知識階級では、宗教的危機のなかでスピリチュアルなものへの需要が高まっていた。この秘教的な潮流を理解するのに、フランスの思想家で旅行家のルネ・ゲノン[1]の著作が果たした役割は大きい。当時の人びとの改宗は「キリスト教の拒否と結びついていた。キリスト教はスピリチュアリティに欠ける宗教と見なされ、キリスト教の口述の伝統は失われたか間違った方向に進んでしまったと考えられていた」。またそれは「近代の物質文明と科学技術文明の拒絶とも結びついていた。口述の伝統を保持してまだ活力のある精神主義的な団体に帰属することが必要だと考えられていた[2]」。このことは、西洋の秘密結社（フリーメーソン、薔薇十字団、黄金の暁会など）がちょうど衰退の途上にあると考えられていたことも関係している。

（1）ルネ・ゲノン（一八八六〜一九五一年）は、すべての宗教には共通の核心部分があると考える一方で、内的次元を支える外的な形態があると主張し伝統的なイスラームに共感、スーフィズムに入信するヨーロッパ人の先駆けとなった。著作に『現代世界の危機』（一九二七年）などがある〔訳注〕。

（2）参考文献【23】一四五頁。

西洋人の改宗は、アジアの宗教にもたらしたのと同じ効果を、スーフィー教団にもたらした。つまり、それは西洋文化の一要素に変化したのである。改宗者たちは、もともとの運動の起源と文脈を忘却し、自分たちの即時的な必要性によりよく適合させるため、究極的にはスーフィズムをイスラームから切り離した。彼らはブラヴァツキー夫人のように、さまざまな宗教を越える統一性を求めているのである。ティエリー・ザルコンヌによれば、「近代西洋の思想や文化、キリスト教の秘教主義、さまざまな形態のスーフィズムの混合は、つねに発展過程にあり、教義や実践の正統性に関心を払う指導者が、東洋でも西洋でも規律を定められなくなりつつあるため、さまざまな変容が起こり、イスラームの周辺や外部にある集団が新しい形態の宗教になっている」[1]。

（1）参考文献【23】一五八頁。

最後に付け加えておきたいのは、キリスト教もこのようなスピリチュアリティの刷新の要求の恩恵にあずかっているということだ。キリスト教にも、口述や感情によって神的なものにつながろうとする動きがあった。こうして一九〇一年にカンザス州で生まれたのが、まさに異言を特徴とするペンテコステ派である。これは精霊が信者の口を借りて直接みずからを語ることができるという信仰である。しかし、これらすべての宗教的刷新の潮流が大きく飛躍するのは、カウンターカルチャーが西洋の規範的な制度に致命的な打撃を与えたあとの時代、すなわち二十世紀後半になってからのことである。

2　カウンターカルチャーの潮流

実際、一九六〇年代のアメリカで最初に登場したカウンターカルチャーは、宗教的なものを再活性化させた第二の要因である。カウンターカルチャーは、功利主義的な個人主義の価値を擁護してきた西洋文明の行く末に非常に批判的で、あらゆる制度の概念やあらゆる超越的なイデオロギーの形式を拒絶した。こうしてカウンターカルチャーは、大宗教の制度から人びとを引き離すことに一役買った。人びとはそれぞれの幸福感を、自分自身のなかに探し求めるようになる。必ずしも何かにきちんと所属するわけではなく、個人に焦点を合わせようとする実践を選ぶようになる。呼吸や瞑想にかかわるさまざまな実践――それらは仏教、ヨーガ、スーフィズム、プロテスタント的でもカトリック的でもあるようなペンテコステ派などに由来する――が、カウンターカルチャーのなかに位置を見出し、これ以降西洋文化の風景の不可欠な一部となる。

カウンターカルチャーは、西洋医学の対症療法を見直したが、効果的な治癒の方法があると称する集団が宗教市場に数多く現われることにもなった。この傾向は、あらゆる宗教的潮流において認められるし、文化のグローバル化から生まれた多くのシンクレティズム〔信念や実践の混合〕にも見られる。

西洋文明の基本原理に再検討を迫ったカウンターカルチャーの潮流は、新しい人と人の結びつきを提案する一連のスピリチュアルな運動の発展に寄与した。これらの「新宗教運動」の大部分は、新大陸で組織されたのちにヨーロッパに広がった。それらは、はじめ「文化面でも経済面でも完全に近代性に適合した社会階層、多くは中等教育を終えて大学を卒業していることもある比較的若い成人（二十五〜四十歳）のあいだに広まった。彼らが人生で成功する可能性は平均をやや上回っていた[1]」。その後、新宗教運動は大きく多様化し、最も恵まれない地位にある者から最も社会生活に統合されている者まで、すべての社会階層の必要に応じるようになった。

（1）参考文献【22】二七三頁。

カウンターカルチャーが、戦後の西洋資本主義において支配的だった価値観を揺さぶったとすれば、ベルリンの壁の崩壊とそれにともなう共産主義の終焉は、非常に不安定な状況をもたらした。死に瀕していることを認めないようにしてきた文明の瓦解が決定づけられたのである。冷戦時代の世界には政治的な対立軸があり、ユートピアを作り出し社会をまとめるには、何が善で何が悪なのかを識別できていたが、自分自身の位置を確かめるための敵がもはやいなくなり、社会はどうしたらよいのか途方に暮れてしまった。真理は完全に相対化され、これ以降は個々人が探し求めるものとなり、万人にとっての真理は想定されなくなる。

政治は「計画と構想力を欠き、自分に固有のカテゴリーが不確かな状態」に陥った。[1] そのあとを引き継いで出てきたのが、現代的な宗教性の熱狂である。こうして、二十世紀後半の最も政治化された宗教的な運動は（その起源がインド、日本、韓国またはアメリカのどこであれ）東ヨーロッパを新天地とみなすことになった。

（1）参考文献【21】一七頁。

ベルリンの壁の崩壊は、旧共産主義諸国のみに影響を与えたわけではなく、資本主義諸国を支えていた指標も揺るがせた。どちらの場合においても、社会をきちんと動員できる言説が失われ、いまだ建設途上の新しい社会体制への期待が高まるなかで、新宗教運動がいわば精神安定剤の役割を果たしている。

新宗教運動は、秩序ある世界像を再び描き出し、幻想的であれ何らかの指標を設け、無秩序の雰囲気に流されないことを、さしあたり可能にする。ある者は、社会の動向に寄り添い、未来の建設を真剣に模索し、別の者は、逆に過去にしがみつく。[1] これらの集団は、危機を利用しているわけだが、実はそれと同じくらい危機に利用されている。というのも、これらの集団は、混乱した社会が新たな敵を同定し、その敵と戦うことを可能にしているからだ。そうしているうちは、人は危機を忘れることができるのである。

（1）このテーマについては参考文献【24】参照。

第二章　近代の産物としてのセクト

Ⅰ　個人

1　個人主義的社会の弱点

宗教運動が急増し、社会に同化できない集団を見分けることは非常に難しくなっている。それらの集団は、まことにさまざまな要求に対応していて、社会との距離の取り方も一様ではない。カウンターカルチャーに由来する集団のなかには、社会から距離を取るのを理想とするものもある。そうかと思えば、逆に近代をそのまま模倣したような集団もある。変幻自在なカメレオンのように、非常に疑わしいものと見なされたりもする。集団自体が有害な場合もあるが、いまや近代社会そのものが、安定感のある指標を個人からすっかり奪う形で成り立っている点にも留意する必要がある。近代社会は個人を不安定にし、そのために個人は過度な行為に向かう可能性があるのだ。もっとも、私たちの社会に内在するこの問題と個人が犯す悪の結果を、それらを利用する集団による搾取と混同してはならない。そのような集団の倫理性は当然ながら厳しく批判されるべきである。

というのも、近代社会では逸脱行為の担い手が個人とされることは明白だからだ。個人はつねにますます責任を負わされ、たえず選択することを迫られる。そのなかには、ある集団に身を委ね、それに没入し陶酔するという選択もある。すると個人は、自分が犯す誤りの責任を取らなくともよくなる。しかし、責任を取らずにすむ道を自分で選んでいることについての責任はつきまとうのである。この選択は、当人およびその家族に最悪の結果をもたらすことがある。あまりにも極端で実験的な代替療法にこだわるなら、自分自身や周囲の人びとの健康を損ねかねない。自分の職業を犠牲にするような生活様式にこだわるなら、仕事に影響が出るおそれがある。財布の管理を共同体に任せて共同体の目的に使用することを認めれば、経済的な独立が脅かされかねない。

このように重すぎる個人の責任を放棄して、一時のあいだ甘美な逃避をすることは、近代社会の個人主義化に対する抵抗の反応である。セクトはそれを利用するが、それを利用するのはセクトだけではない。他にもさまざまな組織があり、それぞれのやり方で人びとの信用を勝ち得ようとし、彼らがのちに後悔するような選択をするように仕向けている。そのような組織のなすがままになった者は自殺に至ることさえあるし、家族や社会の一員としてもう一度受け入れられるようになるには、非常に長い時間がかかり複雑である。私たちの「選択社会」が抱えているリスクは、減らすことができない。なにしろ、社会はたえず個々人の自由に責任を負わせてくるのだ。そこには、自分の利害関心に反するように見える道を追求する自由さえ含まれる。

2 個人を標的にする集団

あまりに多くの責任が個人の肩にのしかかっているので、宗教運動がそれを少し軽くしようと提案するのはよいことである。どのような種類の集団であれ、その集団の認知度がいかなるものであれ、多くの集団に共通するのは、自分自身に集中を取り戻す方法を個人に向けて提供している点である。このことは、伝統的な大宗教に出自を持ちそれに枠づけられている集団についても、あらゆるジャンルを習合して近年発展しつつある運動についても言える。これらの集団の目的がいかなるものであれ、それらが魅力を持っているのは、何と言ってもまず、ひとりひとりの人間に関心を持っていることを表明し、自分で自分にはたらきかける可能性を提供していることにある。近代社会の人びとは選択することを求められ、選択はさまざまな経験に基づく。したがって、これらの集団が個人に提案しているのは、とにかく試して自分にどのような効果が現われるかをテストすることである。その結果「個人は、宗教的権威が信者に対して真理として提示する教義や道徳上の掟や世界観とは、関係がないと思うようになってきている」[1]。

（1） 参考文献【25】三頁。

しかも、個人が求めているのは技法に関するものである。神的なものを体験する技術を見つけ、それを通じて幸福感を味わいたいと考えている。キリスト教教会――カトリックおよびプロテスタント――に「霊の洗礼」や「火の洗礼」が入ってきたのは偶然ではない。「霊の洗礼は、新生（ボーン・アゲイン）した改宗者を、再生した新しいスピリチュアルな条件のなかに一気に導き入れるものだが、それはペンテコステ派やカリスマ派において、恩寵の救済の力を具体的かつ即座に体験するすぐれた契機となっている[1]」。

（1）参考文献【25】八三頁。

3　個人の逸脱行為

これらの技法は、この世における生の最良の部分を個人が引き出すことができるようなものでなければならない。したがって、あらゆる宗教的潮流は、最も制度化されたものから最も疑わしいものまで、信者が日常生活のなかで出会う問題を解決するのに適した方法に照準を合わせようとしている。カリスマの素質を備えた者が教会に戻ってくれば、教会には再び人が集まるようになる。ところで、これらの素質のなかで、病気治しの才能は、最も成功を収めるものであると同時に、最も躊躇を引き起こすものである。それは信者の健康に直接関係してくるため、個人は非常に危険な逸脱行為に向かう可能性がある。この治癒の要求に応じて形成された集団がいくつかある。カトリックの影響を受けた「生命への招待」（ＩＶＩ）の場合がそうである。イヴォンヌ・トゥリュベールによって一九八三年に設立されたこの団体は、「祈り、愛、治癒を目的とし、新しい世界における新しい宗教と医療を整備する」ことを提案している。(1) 信者の一人で医者のナディーヌ・フラオ＝シュステルは、一人のエイズ患者とガンに苦しむ二人の女性に重大な過失を犯したために医師会から除籍された。(2) 一九六〇年に日本で設立された真光も、病直しの動向の事例に該当する。「手のひらから発せられる光による」治癒を唱え、医療を邪道と見なすものだ。さらに、中国で一九九九年以来、激しい弾圧を受けている法輪功をあげることもできるだろう。この集団を創立した李洪志は、ヨーガに非常に近い呼吸法を毎日実践するだけで、高齢者は若返り、再び月経が訪れると約束した。このような集団の影響を受けて、病院での治療の結果に不満を抱く重病人の一部は、アロパシーの医学に背を向けて、神的な霊感を受けたグルたちに、みずからの健康をすっかり委ねてしまう。医者の資格を持つグルが安心感を与えることもある。

（1）参考文献【26】一四三頁。
（2）以下に基づく情報、参考文献【27】。

しかし、個人が抱えている問題の解決は、不治の病を治癒することだけではない。効果的であるためには、現状に不満を抱く相手に何らかの「改善」をもたらせば充分ということもある。ところで、それは心理学的な探求を経ることが多い。自分の人生に成功したければ、心の問題を解決しなさい、というわけだ。こうして心理療法運動は、追い風に乗っている。「追求されている目的は、一段高い存在へと至る自己実現であって、それは自分自身を再全体化することと分かちがたく結びついている」[1]。

（1）参考文献【25】八七頁。

この新しい「再全体化」という道が成功を収め、個人や家庭または集団で行なう心理療法技術が何百という数で発展している。それを実践するのに、何か特定の資格が必要であるわけではない。したがって、誰もが突如として心理療法家となることができ、それで違反に問われることもない。評価も管理もまったくないので、やり方を知らない能力不足の療法家が、患者をまさしく悲惨な状態に追いやる事態も起こりうるわけだ。したがって、「心理療法の潮流は無数にあるが、なかでも一般に宗教的なものから着想を得て新しくできたものを見ると、いくつかの実践は、セクト的な逸脱行為をする集団において告発される実践と構造的に類似している。心理療法家の影響力を強めて患者を依存状態に置き、家族・配偶者・友人から断絶させ、新しい世界観を提供して患者を社会から切り離すなど、倫理的な逸脱行為のおそれがある」[1]。ところで、これらの心理療法家たちは、心理分析家が相手にするのとは異なる人びとに訴えかけている。心理療法家たちが相手にする患者は多くの場合、高いお金を払ってでも改善のきっかけを自分の奥底に見つけたいと願っており、そのために「心理療法家を渡り歩き、苦悩から抜け出し自己実現を可能にしてくれる『珍しく貴重なもの』を探し求めている」[2]。このような状況が患者の精神の健康にもたらす危険を踏まえ、フランスの代議士ベルナール・アコワイエは、二〇〇三年十月十四日に国民議会の第一読会で採択された公衆衛生政策法案に、心理療法技術の使用は医師または心理学者の資格を有した専門家にかぎるとする修正を盛り込むよう提案した。この修正案は「心理系業界」とりわけ世界精神分析協会（AMP）から激しい反対を受けた。同協会の会長ジャック＝アラン・ミレルは、この法案は「フランスの精神の健康に、まさしくナポレオン流の首枷をはめようとするものだ」と批判した[3]。二〇〇四年四月二十七日、国民議会の第二読会で新しい文案が可決された。議員が採択した修正案は、「心理療法を行なうには、臨床心理病理学の理論的かつ実践的教育、または精神分析団体によって認められている教育を受ける必要がある」と定めている。また、「心理療法家という称号の使用は、全国心理療法家登録簿に名前が記載された専門家に限定される」と規定している（第一八条第四項）。

（1）（2）参考文献【28】四八頁。
（3）参考文献【29】。

以上のような多かれ少なかれ深刻な個人の逸脱行為は、近代の人間が歩んできた社会の類型と分かちがたく結びついている。それはセクトに固有のものではない。効率と目先の利益の追求は、職業倫理のことをほとんど気にかけず、この需要は儲けになることをよく知っている集団に搾取されている。それでも、このような個人の逸脱行為と、二十世紀後半に起こったいくつかの共同体主義的な逸脱行為を混を混同してはならない。社会は、信者や周辺の環境あるいは社会にとって潜在的に危険であると疑われる集団団――その疑いは正当であることもそうでないこともある――すべてに警戒心を抱くようになった。それらのおもな共通点は、近代社会を嫌悪していることにある。

Ⅱ　共同体主義的な集団の盛衰

1　典型例としての「新しい農民」

カウンターカルチャーの潮流から出てきた若者のなかには、社会の連帯が危機を迎えているという感覚を持ち、理想化された東洋の文化に大きな影響を受けて、近代が解体してしまった人間と自然と宇宙の調和を再び見出そうとして、新しい価値体系を作り出した者たちがいる。フランスの「新しい農民」とは、都会生活に息切れし、過疎化が進むフランスの農村に出かけて新鮮な空気を吸い、身体と精神の回復をはかろうとした者たちのことで、一九六〇年代から一九七〇年代にかけて現われた共同体の典型である。彼らがしようとしていたのは「仕事を通して自分たちのいる空間と自分自身を統御することで、『苦難の時期』の試練を乗り越えて宇宙が和合する将来を目指していた[1]」。彼らは、人間と自然界の調和――それは伝統的な農民たちの単純な生活様式に示されていた――を再び見出すには、近代西洋文明と手を切り、エコシステムの法則にしたがわなければならないと考えていた。不毛な土地を肥沃にすることができる能力こそ、失われた調和を取り戻すことができる何よりの証拠だった。ダニエル・エルヴュ＝

レジェの研究によれば、「ラ・クレリエール」(アルプ＝ド＝オート＝プロヴァンス)、「ル・セール」(セヴァンヌ)、「ル・トゥル・ポジティフ」(ピレネー渓谷)、「ル・フォン・ド・ルーヴ」(バス・セヴァンヌ)などの共同体に共通するのは、外界を「自分の不幸に向かって邁進し続ける盲者たち」の世界と見なし、そこに頼ることなく生きることができる楽園のような空間を作ろうとした点である。[2] 要するに、新しい農村共同体にとっては、社会とのつながりを断つことが、個人のスピリチュアリティを発展させるのに本質的であると見なされている。当の個人は、自分が創設に参画している地上の楽園の囚人となる。

(1) 参考文献【30】一〇頁。
(2) 参考文献【30】一六〇頁。

都市生活および社会生活との妥協を拒むエコロジカルな取り組みは、しかしながら「新しい農民」にかぎられたことではない。同じようなことは、たとえばおよそ一〇〇〇年前にシトー会の創設者たちにおいて見られた。「シトー会修道士たちにとって、自然を統御することは、世界を人間化し、人間が神に到達するために課せられた霊的な戦いの象徴だった」。[1] カトリックの修道会や仏教の僧院のなかには、できるかぎり周囲から孤立した運営体制の方向に向かうものが、現代でも少なくない。修道士や修行僧が退路を断って絶対的な献身をするのは、修道会や僧院の最も基本的な権利をなすものだが、個人が危険に陥る可能性も必然的について回る。

(1) 参考文献【31】五五〜五六頁。

しかしながら、カトリックや仏教における閉鎖的な共同体と、二十世紀に発展を遂げた新しい共同体のあいだには本質的な違いがいくつかある。カトリックや仏教の共同体は位階制のもとに置かれており、外部にある上層部が集団の活動の様子を確認する。もしこの管理体制があまり機能していないとしても、一定の監視をすることはできる。これに対して新しい共同体は、外部から監視をするものとのつながりをまったく持たない。構造、管理運営、規律訓練、財政がみな自己完結しており、何らかの機関がこれらの共同体の生活を見守りながら、逸脱行為が生じた場合に警告を発するということがない。また、修道会は成人を対象とする場所であり、そこに入っていく者は、どのような生活が待ち受けているかの情報をきちんと得たうえで修道誓願をする。修道会に子供はいない。これに対し、「新しい農民」の家族は、修道誓願に相当する契約を結ぶことなく新しい様式の生活を送り、沢山の子供をもうける。子供たちは、自分で選んだわけでもない閉じた組織のなかで、社会を知らずに成長することを余儀なくされる場合がある。これらの子供たちが、共同体の外部の人間と接触するという最も基本的な権利が尊重されない場合には、さまざまな問題が生じてくることになる。

2　共同体主義の逸脱行為

消費社会に嫌気がさして別の生き方を選んだ平和的な共同体と、ごく少数ながら最大級の悲劇が演じられてしまった共同体を区別することを可能にする指標は、ほとんどない。では、これらの非社会的な集団についての警告を発するべきなのは、どの時点からなのか。残念ながら有名になってしまった事例から、いくつかの問いが出てくる。

（A）人民寺院

人民寺院は、一九七〇年にアメリカ合衆国でジム・ジョーンズによって作られた。この集団は一九七八年に九一八人の死者を出し、世界を恐怖に陥れた。ジム・ジョーンズは、アメリカ社会を辛辣に批判し、信者からは預言者と見なされていた。最初彼は、社会は人種主義的で帝国主義的で一部の支配階級のために作られていると考え、社会に戦闘を挑む運動を作ろうとした。こうして別の生活様式、反アメリカ的な戦闘的社会活動を提案した。「彼は資本主義の終末を予告し、彼に耳を傾ける者たちのために社会主義的な約束の地を建設しようとした[1]」。ジョーンズのメッセージと行動は、実際には宗教的というよりは政治的なものであった。本当は公民権運動のリーダーになりたかったのだ。彼は人種差別を批判し、社会から見捨てられた有色の孤児たちを共同体のなかに迎え入れた。

（1）参考文献【32】一九頁。

人民寺院は、最初インディアナポリスで活動を開始したが、いくつかの事件が起こり、反対者たちに執拗に攻撃されていると発言するようになった。その後、カリフォルニア北部に拠点を移した。浮浪者、非行に走る若者、老人たちに対する人道支援を提案したことで、共同体は急速な発展を遂げた。資本主義から見捨てられたこれらの人びとは、ジョーンズによる社会主義的な約束の地の到来のために身を捧げた。彼らは人民寺院が作り出したさまざまな人道支援に奉仕し、かなり多くの利益が生み出されていたが、その申告はなされていなかった。しかし、さらに重大な問題は他のところにあった。「人民寺院は社会の慣習的な実践から大きく逸脱し、高率の天引きや無償労働、財産の寄進を信者に課していた。（……）すべては信者たちが自分たちよりも大きな政治的な大義に参画するためであると説明されていた。人民寺院は献身と規律を求め、個人は集団の権威に従属させられていた」[1]。また、ジム・ジョーンズは自分のカリスマを活かし、男女を問わず自分のベッドに連れ込み、信頼を集めては道具のように扱い、コントロールしたり屈辱を加えたりした。

（1）参考文献【32】二三頁。

集団がこのように次第に硬直化していくと、敵視する人たちも増えて「被害者の会」が作られた。人民寺院のメッセージは、いっそう善悪二元論的なものとなり、信者たちにどちらの立場につくのかと強く迫った。脱退者が増え、小さな事件が続くと、「迫害」を受けているとして、人民寺院の約束の地の建設を正当化し、ジョーンズタウンと呼ばれる土地を社会主義政策を進めるガイアナに求めた。一九七七年、一〇〇〇人ほどの信者がそこに向かい、外部との接触を絶った。再び緊張が高まり、逆境は終末の兆候と見なされた。資本主義によって堕落した人類に、この世の終わりが近づいているとされた。このようにして「革命的自殺」という概念が出てきた。アメリカ政府はこの件に関与しない立場を取っていたが、被害者の会が、事態は急を要すると連邦議会のレオ・ライアンを説得した。ライアンは同会のメンバー数人とともにジョージタウンを訪れ、迎え入れられた。このとき、人民寺院の一六人の信者が、ライアンとともに帰る決心をした。彼らは、この共同体は「共産主義の収容所」以外の何物でもないと批判した。すると、ある信者が反対者と転向者に発砲、一〇人を負傷させ五人を殺害、そこにはレオ・ライアンも含まれていた。この袋小路のなかで集団自決が決行された。共同体のメンバー九一三人が毒をあおって死を選んだ。

（B）太陽寺院

太陽寺院は、二人の人物が補完し合って経済的に豊かな知識階級を引きつけた。創設者ジョゼフ・ディ・マンブロは、ニューエイジ系の疑似宗教に強い影響を受け、一九七八年に「黄金の道協会」（ゴールデン・ウェイ）を設立、社会は急激に変化しているとし、自然に帰る必要を説き、騎士道のテーマを再び取りあげた。ホメオパシー専門医のリュック・ジュレは、黄金の道協会で講演を行ない、ディ・マンブロを魅了した。以来二人の仲は離れなくなった。リュック・ジュレは、ディ・マンブロに欠けていたカリスマを補った。初期の教団組織を支えていたのは、連続講演会、秘教クラブ（アルケディア・クラブ）、入会騎士団（太陽伝統国際騎士団）の三つである。リュック・ジュレの講演は、多くの人びとを引きつけた。そのうちの一部はアルケディア・クラブに入会し、さらにそこから騎士団への加入を選択した者たちがいた。リュック・ジュレが収めた成功は、組織が急速に大きく成長する期待を指導者二人に抱かせた。講演会は、教団に文化的な正当性を与えるような格式ある場所で行なわれた。こうして表向きの顔が、奥の秘密の構造を覆い隠していた。全体にメッキが施されていたのだ。

太陽寺院は一九九〇年代に揺らぎはじめた。一九九三年、この教団が武器を不法所持していることが判明した。処罰は軽かったものの（関与者は執行猶予つきの禁固一年）、警察は警戒を強めて公式の立ち入り調査が行なわれた。教団の信頼は失墜し、多くの者が教団を離れた。財政基盤が失われ、厄介な問題が表面化する条件が整った。教団は、最も秘密の多い寺院のなかに閉じこもるしかなかった。これは陰謀だという妄想が膨らんでいった。教団を自滅に向かわせたのは、おそらくトニー・デュトワである。彼は教団に反旗を翻した信者で、偉大な宗教的指導者の霊を出現させるために使われた手口を暴き出した。彼の家族は一九九四年十月に暗殺されている。

一九九四年から一九九七年のあいだに、七三人の信者がカナダ、スイス、フランスで命を落としている。

（C）オウム真理教

オウム真理教が麻原彰晃によって東京に設立されたのは一九八四年で、当時の日本人の若者のなかには、既存の仏教のような制度宗教や、日本の教育および労働体系の基盤にある近代科学の合理主義に不満を抱いている者もいた。このような若者たちは、新しいスピリチュアリティのダイナミズムを求めて、本物の禁欲的な実践に戻ることを望んでいた。麻原はこのような不満や回帰の要求に応えるカリスマを持った一人だった。信者のなかには日本のトップクラスの大学に通う優秀な学生がいて、その頭の良さを教祖のために用いていた。彼らは、親たちが敷いたレールの上を歩くのをやめたいと思っていた。自分の置かれている環境を飛び出し、すべてをグルに委ねる出家者となった。

麻原は、新しい精神の時代が来ると予告していた。黙示録的な段階がそれに先立ち、そう遠くない将来、オウム真理教の加護によって世界は悪から解放されるはずであった。救済の使命を果たすべく、麻原は手始めに政党を一九八九年に作った。大敗北を喫し、深い恨みが残る結果となった。また教団は、社会的に成功したいという日本人の若者の大部分が持っていた欲望と親和性の他の新宗教運動と比べて、急速に発展したわけでもなかった。このように、麻原のなかにはさまざまな不満があり、妄想が膨らんでいくことになった。教団は次第に内向化して出家者のみを頼りとし、教団内外において自分たちに不利になるような要素を排除していく。世界の終末がなかなかやって来ないので、麻原はテロ行為に走ってその到来を早めようとした。彼は科学者である信者を利用して化学工場を作った。何度か失敗を重ねたあと、オウムは一九九四年六月二十七日に松本にサリンガスを撒く最初のテロ事件を起こした。死者七人、負傷者二〇〇人を数えた。一九九五年三月二十日に同様の犯罪を繰り返し、一二名の死者と数千人の負傷者を出した。

3 セクトの逸脱行為の諸要因

(A) グル

このような悲劇的な逸脱行為の共通点のひとつは、カリスマを持ったグルが存在し、絶対的な権力を掌握していることである。グルの人格はしばしば歪んでいるが、非常に温かくたいへん魅力的な人柄に映ると同時に、このうえなく厳しいということがある。この厳しさは、信者に期待をかけている証拠と見なされる。グルの姿はまさに父親の典型だ。信用しなければならず、盲目的についていき、何があってもしたがわなければならない人なのだ。またグルは、「見えない世界」と独特の関係を個人的に築き、彼にしたがう人たちに永遠の幸福を約束する。世界を変えてよくすることはグルの使命でもある。しかし、グルの性格はしばしば被害妄想的で、計画の実現を妨げる障碍は巨大なものに膨らんで、強迫観念となる。そのような障碍を統御できる場合もあるが、それを前にして先に進めなくなると、教団の内部で、または社会に対して、暴力の連鎖が起きてしまうことがある。共同体の構造が極めて権威主義的かつ中央集権的で、上下関係をともない、外部に監視の目が皆無で、信者がグルに無条件の愛を抱いていると、あらゆる暴走が起こりうる。ただし、そのような逸脱行為が死者を出すところまでいくには、他の条件も加わってくる。

(B) コミュニケーション体系の閉鎖性——濃密な人間関係

これらの共同体のもうひとつの特徴は、コミュニケーション体系を閉じてしまうことである。そもそも社会というものは、婚姻、経済活動、言語の三つのレベルで他の集団とかかわりを持つコミュニケーション体系を土台に築かれている。クロード・レヴィ＝ストロースによれば、これらをもとにしたつながりが、共同体の発展には不可欠である。孤立は衰退の要因と考えられる。「人間集団にとって最も致命的なのは孤立することである。そうなると集団は苦悩し、その本性を十全に実現することが困難になる」[1]。集団は、コミュニケーション体系が開かれている度合いに応じて発展する。閉鎖は破滅を意味する。ある共同体がこれら三つのレベルすべてにおいて外部とのつながりを断つと、社会から隔絶して自分自身に閉じこもることになる。死者を出すような逸脱行為を起こす共同体に共通しているのは、このような根本的な孤立である。ある集団が外部とのつながりを持っているかを検証するのに有益ないくつかの問いがある。誰と結婚することが認められているか（婚姻による交換のレベル）。いかなる生産者と消費者のあいだで財とサーヴィスの交換がなされているか（経済活動のレベル）。言語を用いてコミュニケーションをする相手は誰か（言語のレベル）。

（1）参考文献【1】四一五頁。

人民寺院、太陽寺院、オウム真理教は、このような断絶が最大化された典型例である。社会問題化する集団の大部分は、コミュニケーション体系に断絶を設けるとしても、せいぜい一つか二つである。あらゆる形態の交換を断ち切る集団は稀である。

これらの共同体主義的な集団全体において、最も閉鎖的であることが共有されているのは、おそらく婚姻による交換のレベルである。集団が比較的新しくでき、社会に反対するものであるとき、結婚の第一条件は同じ信仰を共有していることである。このレベルでの閉鎖性は、宗教的な潮流の全体においてよく見られる。信仰を異にする相手同志を結びつけることは、しばしば困難をともなう。したがって、このような閉鎖性は、ある集団のコミュニケーション体系が機能不全に陥っていることを判断する指標としては充分なものではない。しかし、婚姻による交換のレベルが小集団の内部で閉じていて、そもそも結婚を認めなかったり、何人かの信者のあいだでしか認めなかったりする場合には、数世代後の発展や存続が危ぶまれる。そのような集団は袋小路に陥る。オウム真理教は、出家者を中心とする組織構造となり、出家者は性的関係を持つことを断念しなければならなかった。将来がないことを必然的に意識させられると、集団は避けることのできない終焉を超越しようとすることがある。他方、信者を型にはめる手段として性的関係を利用する集団は、逸脱行為に走りやすい。先述のように、人民寺院のジム・ジョーンズは両刀使いで、信者を管理統制するのに性的なものを活用した。

（C）経済交換の側面

二番目の孤立の要因として、経済交換が挙げられる。ここまで論じてきた三つの集団に共通するのは、どのような品物であれ、外部と売買する必要なく自給自足で集団生活を維持する方法を編み出したことである。信者は財の寄進者であると同時に消費者となり、そのような財はもはや市場には出回らず、共同体の閉鎖を助長する。信者はたっぷりとお金を取られ、他の商業機構から切り離される。人民寺院は、信者の上前をはねて、私財の寄進を奨励した。信者に俸給は支払われなかった。信者は組織のなかで奉仕労働をし、一般社会と財産の経済交換ができず、完全に共同体に依存することになった。太陽寺院の信者は、共同体の活動に専心し、自分たちが生産したものしか食べなかった。オウム真理教の信者は、もはや財産は何の役にも立たないと信じて、それらをすべて教団に与えた。このように金銭への執着を断つことは、カウンターカルチャーに由来し、資本主義の潮流に反対する形で展開してきた共同体の多くに共通する特徴である。奉仕労働と日常のさまざまな仕事は無償で行なわれ、それによる共通財産は交換の対象であることをやめる。そしてまた、社会と断絶したことの証として、信者は共同体に財産を差し出す。このような共同体がすべて逸脱行為に走るわけではない。しかし、そこに閉じ込められた個人は、一般社会で通用する交換財をみずから放棄しているため、社会復帰することができない状態に置かれる。

（D）言語の側面

第三の要因である言語は、コミュニケーション体系の指標として最も微妙で厄介なものである。宗教団体に関して言えば、言語は信仰の教育に関係する。信仰が宇宙人にどう伝わるかに関心を抱いた人類学者ヴィクトル・ストコウスキーは、「高性能の合理性」と「困窮状態または封鎖状態の合理性」を区別している[1]。前者は、証拠という動かしがたいものに依拠している。後者は、自分が信じていることの外部にある思想の検討を拒み、風変わりな考えに行き着く可能性がある。その際には、突出した信念が勝って、自分の正しさを示すために証拠を捏造することさえある。太陽寺院が宗教的指導者の姿を見えるようにしたことは、これに相当する。手口が明らかにされても、信念に凝り固まった者たちは信じ続けたのである。たしかに「封鎖状態の合理性」は誰もが毎日用いているものだが、ストコウスキーの考えでは、その合理性が覇権を握ると危険である。そのような思想は、車の玉突き事故よりも多くの死者を出しかねない。そのような思想を察知し、危機意識を持ち、告発しなければならない。「直感を頼りにするのであれ、堅信によって信念を強固にするのであれ、政治的計画に合わせて真理の基準を設定するのであれ、世界を理解できると確信を抱くことは、信念で凝り固まった狭い世界に立てこもることにつながる。そのような信念は、現実と出会っても揺らぐことがないが、それはひとえに知識を産み出す過程に現実がきちんと織り込まれていないからにすぎない。確信を揺るがしうる外部の指標を持たないと、人間は思想を統御する手段を奪われてしまう。（……）すると思想は、疑いを知らず、自分自身の考えの欠点を見抜くことができない人間の手に委ねられて、恐るべき武器になりかねない[2]」。あらゆる宗教的信念、そしてまたあらゆる政治的イデオロギーは、「封鎖状態の合理性」の部分を必然的に含んでいる。それらを洗練させ、覇権主義に陥る事態を防ぐには、周囲の世界との関係を維持することが必要である。

（1）原語はそれぞれ« rationalité performante »と« rationalité indigente ou circonscrite »〔訳注〕。

（2）参考文献【33】四一三〜四一四頁。

しかし、言葉が通常の使われ方ではなくメタファーとして使われ、誰もが知っている第一の意味と、信者のみが知っている第二の意味とのあいだに溝ができるとき、言語は人を閉じ込めるものになりうる。するど、外部とのコミュニケーションに大きな支障をきたすことになる。言語のやりとりは、もはや集団の成員間でしかなされず、集団は閉鎖的になっていく。そうなると、集団の象徴体系とそれに実体を与えるために用いられるメタファーは、逸脱行為を生む可能性を持つものとして無視できないものになる。このように言葉の意味が捻じ曲げられると、死の概念が大きく変わってしまうことも珍しくない。たとえば、オウム真理教では、信者に死を受け入れさせる考え方があった。それは仏教で欲望を断ち切ることを意味する「サマディ」（三昧）の解釈にかかわっていた。オウムの信者にとって、それは比較的長い一定の時間、呼吸をしなくてもよい能力のことで、その間に精神と魂は身体を離れてはたらくとされた。サマディに入るとは、修行中の仮死状態だと説明されるに至った。死の観念が排除されており、罪悪感を覚える余地がなくなっている。太陽寺院の信者にとっては、死は信者の故郷の星であるシリウスへの旅とされ、自分たちのことを「いと高き秩序から使命を託された裁き手」だと見なしていたようだ。そう考えると、信者は自殺という行為を自殺とは思わずにやってのけたということになる。〔人民寺院の〕

ジム・ジョーンズもまた、自殺を革命という行為に結びつけ、革命への参加は、経済的・社会的・人種的不正に対する勝利、すなわち死によってしか終わらないのだとした。「このような考え方によって人民寺院が望んだのは、ジョーンズの弟子たちが彼らの過去生を彼に与え、終わりなき集合闘争のために生まれ変わることであった」[1]。こうして彼らの死は、終わりやあの世での永遠ではなく、この世でのひとつのはじまりとされたのである。

(1) 参考文献【32】二八頁。

4 逸脱行為の二類型

例に挙げた三つの集団のうち、人民寺院と太陽寺院は自滅の道を選び、オウム真理教は社会を敵に回した。このように区別される暴力の二類型は、黙示録の二類型に対応している。死者を出す逸脱行為を招く団体に共通しているのは、グルが存在し、その媒介によって世界が変わらなければならないとされていることだ。その点では、キリスト教の流れに属していようといなかろうと、それらの団体はすべて黙示録的だと言うことができる。アメリカの社会学者ジョン・R・ホールによれば、黙示録的運動は二つの類型に区別することができる。第一の類型は「プレ黙示録」で、それは「戦略的な時間を設けて『悪の力』との戦いを完成させる」戦闘的で「殺人的」なセクトに特徴的なものだ[1]。第二の類型は「ポスト黙示録」である。

（1） 参考文献【32】九頁。

（A） 社会を侵害する逸脱行為

暴力の正当化は、オウム真理教の教義の中核に見出される。麻原は「善の力」と「悪の力」が宇宙戦争を繰り広げるという善悪二元論的な世界観を持っていた。彼自身が「善」を「勝利」に導く担い手で、「新しい時代」に入らなければならないと考えていた。麻原の考えでは、宇宙は多元的で、さまざまな世界から成り立っている。禁欲的な修行は意識を高めて高次の世界への道を開くが、精神性を欠いた堕落した生活を送れば必ず地獄の低い世界に落ちるとされた。このような宇宙の解釈は、まずは教団の上下関係に具体化された。各階層がひとつの世界に対応させられ、地獄の世界に相当するものが社会のなかにあるとされた。このようにして、麻原の象徴的な宇宙観が現象世界のなかに具現化され、宇宙戦争が本当の戦争に変質しかねないものとなった。社会の最良の部分に当たるはずの集団にすかさず反対を加えてきた社会を、グルは「悪の巣窟」あるいは「肥溜め」と考えた。麻原は、自分が望んでいた成功を収めることができず、最終戦争を呼びかける説教を繰り返していく。彼の信者は「真の勝利者」とされ、戦いへの参加を求められた。物質社会を「悪」と同一視することで、「善」のための戦いは社会に対する戦いを意味することになり、武器の製造が正当化された。

（B）共同体主義的な逸脱行為

「ポスト黙示録」のセクトはさらに「もうひとつの世界を想定する」。「それは地上の楽園という時代を仮構し、世俗的な世界を背後に残し、そこで起こるこの世の終わりを超えるところにみずからを位置づける」[1]。この種の集団は、この世の生をいとも簡単に投げ捨てることがあるが、それは崩壊している この世に自分たちはもはや属していないと考えているからだ。この世の権威の正統性は認めないが、「プレ黙示録」のように世界を再征服しようとは考えない。集団が孤立していること自体が、社会を否定し、社会に死を突き付けていることを示すひとつの表現である。このような団体の「選ばれし者たち」はすでに天国、つまり不死の世界に属していることになる。彼らの肉体は抜け殻にすぎず、肉体があろうとなかろうと、天国で成長し続けることができるとされる。集団自殺によって地上の生を断ち切ることのみが、「誤りに陥った地上の指導者たちを、腐敗することなき超越的な指導者たちに置き換えること」を可能にする。[2] 太陽寺院があとに残した最後の手紙には、このように死を否定し、地上の社会を絶対的に拒絶する様子がよく現われている。

（1）参考文献【32】九頁。
（2）参考文献【34】一八二頁。

「薔薇十字の従僕であるわれわれが、この不可逆的な状況において今一度強調しておきたいのは、われわれはこの世から来たのではなく、われわれの起源と将来の居場所を完全に理解しているということだ。空しい論争を起こすことはわれわれの望むところではない。ただ次のように述べておこう。シリウス星の白色大ロッジは、父祖伝来の智慧を担う真正な末裔の警告を宣言した(……)。われわれは、この退廃した人類が作り出したシステムに参加することを拒否する[1](……)」。

(1) 以下に紹介されている抜粋から引用、参考文献【35】一七一〜一七二頁。

死者を出すような逸脱行為の可能性は「プレ黙示録」および「ポスト黙示録」の集団に内在しているが、幸運にもそれは非常に稀である。ただし、そのような事態を引き起こしかねない非常に重要な要素があることは、二つの黙示録の双方に共通している。実際、ジョン・ホールは次のように述べている。「黙示録的な宗教団体と既存の社会秩序とのあいだの社会的な衝突がエスカレートするにつれて、暴力は増大する(……)。極端な宗教的暴力が生まれるのは、その宗教団体に対する反対運動に由来する諸要因が、全体的に複雑に絡まり合って相互作用を起こす結果である[1]」。

(1) 参考文献【32】一二頁。

Ⅲ　資本主義の産物としてのセクト

このように生活様式を異にした共同体は容易に見分けがつくが、これらは近代社会のなかで展開し社会問題化した集団のあくまで一部にすぎない。別の部分は、少なくとも表面上は、近代社会に対立している印象は与えない。それどころか、いわば近代社会の懐で発展を遂げる。近代の経済的・社会的・政治的な特質を推し進めるあまり、それらを誇張したパロディが近代に不寛容になることさえある。資本主義社会に肯定的な態度を取る集団は少なくない。その態度は過剰でしばしば耐え難い。この傾向を代表する運動の典型が二つある。一九五〇年代に文鮮明が韓国で設立した統一教会と、同じ時期にロン・ハバードがアメリカ合衆国で設立したサイエントロジー教会である。

1　第二期資本主義の精神と問題集団

（A）第二期資本主義の精神

リュック・ボルタンスキーとエヴ・シアペロは『新・資本主義の精神』において、「近年の資本主義の変容にともなうイデオロギーの変化」を研究している。[1]彼らによれば、資本主義は三つの時期を経験してきた。第一期は十九世紀末に現われ、それは「ブルジョワ的」で「家父長的」そして本質的に「家族的」な企業家世界の側面によって特徴づけられる。このような側面は、本研究が扱う社会的な問題集団の特徴には合致しない。しかし、第二期および第三期の特徴は、これらの集団にぴったり当てはまる。第二期資本主義の精神は、一九三〇年代から一九六〇年代に発達したもので、それはとくに戦中および冷戦期の「社会的公正を目指す大企業と国家の協力」によって特徴づけられる。大企業は社会的使命の担い手を自任し、勤労の精神を強調した。その規模は「目がくらむほど巨大」で、第一期を特徴づけていた家族企業の規模とは雲泥の差である。そして「大規模な経済、製品の標準化、労働の合理的組織化、市場拡大の新技術に依拠しながら、大衆向けの商品を産み出していった」[2]。大企業の特徴は効率という基準を追求したことで、それが年功序列の基準に代わり、昇進を正当化する唯一の基準になる。労働者は「資本蓄積の過程」において決定的な役割を担っているにもかかわらず、その「主たる享受者」ではない[3]。

（1）参考文献【36】。
（2）参考文献【36】五五頁。
（3）参考文献【36】五七頁。

（B）統一教会——社会善の名による資本主義の正当化

統一教会は、まさにこの第二期資本主義の精神を体現している。まずこの団体は、多国籍企業のように振る舞い、巨大化志向に憑りつかれている。「統一教会は、国際商業や軍需品調達などの産業活動、金融その他のビジネス活動に取り組んでいる。それに飽きたらず、宗教、教育、文化、イデオロギー、政治の領域にわたって、さまざまな事業を抱えている。軍隊さながらの様相も呈している。厳格な規律に服した国際的な政党にも似ていて（……）反共産主義的な活動を前面に出している」[1]。宗教勧誘の方法も、集団の急速な拡張を可能にするために、最大限効率的であることが目指されている。多くの人を改宗させればさせるほど、集団内の階級を駆けあがっていく仕組みになっている。

しかし、統一教会の歩みは、はじめはかなりナショナリズムの色が濃厚だった。韓国の経済成長のために国家に協力的であったし、経済成長すれば北朝鮮からの侵入があったとしても国を守ることができると考えられていた。この目的のために、統一教会は信者たちの労働力を動員し、犠牲の精神を鼓舞した。彼らは韓国経済立て直しの中心にいたが、それを享受する者ではなかった。力を合わせて社会の義務に参加し、国から貧困をなくそうとした。

（1）参考文献【37】。

その目標に至ろうとするときに特徴的だったのは、北緯三八度線をめぐる冷戦に結実した国際情勢のなかで、韓国の政治プロジェクトが統一教会の広める信仰構造に組み込まれたことだ。メシア待望の教義は、文鮮明を神の歴史の第三期にして最終段階の開祖と位置づけ、旧約および新約聖書に「成約聖書」が続くとされた。この成約聖書は人類の歴史にひとつの解釈を与えていて、神の敵とされる共産主義はカインの精神の近代的表現だという。その一方、資本主義は民主主義と混然一体のものとされ、アベルの知恵と結びつけられている。カインとアベルの争いは、ソ連とアメリカ、そして北朝鮮と韓国の冷戦に示されている。旧約聖書においては、カインが弟のアベルを殺し、悪が地上を支配した。成約聖書は、カインの崩壊と地上の楽園の再建を予言している。「メシア」文鮮明の使命は、共産主義との闘いにある。勝利を収めた暁には、北朝鮮の指導者は失墜し、南北朝鮮はひとつの資本主義国に再統一されるだろう。

以上のような政治的態度を示していたことが、韓国の政治家やアメリカ政界の重要人物が文鮮明に接近してきた一因である。文鮮明は早くも一九六五年の段階で、アイゼンハワー大統領と会っている。一九七〇年代のウォーターゲート事件の際には、ニクソン大統領を支持している。韓国政府は文鮮明を役に立つと見て、アメリカと良好な関係を築くために彼の援助を利用している。ただし、ニクソンが失脚すると、彼が持っていた大きな外交上の魅力は失われた。すると、あまりに明け透けな文鮮明の政治的野心に対し、韓国およびアメリカ当局は急速に距離を設けるようになった。政治的な後ろ盾を失った彼は、法廷に呼び出され、脱税およびその他の違法行為——詐欺まがいの資本蓄積や信者の名義を利用した財産隠しなど——により、一九七七年一月に有罪判決を受けている。[1] 統一教会は西洋で相対的に成功した部分があるが、それは当時の企業型の生活様式に対応する政治と経済の両方の側面を持っていたことが大きい。ベルリンの壁が崩壊し、二大イデオロギーの争いが終焉すると、統一教会の魅力は大きく衰えていくことになる。

（1）参考文献【38】三七八頁。

2　第三期資本主義の精神と問題集団

（A）第三期資本主義の精神

共産主義の崩壊は企業に大きな衝撃を与え、そのあり方を深いところで変えてしまった。「一九八〇年代後半、冷戦の終結にともない資本主義のみが生き残った。それに対抗しうる信憑性のある代替物が現われることはなかった」[1]。資本主義を正当化する論理がいっそう個人主義的なものとなり、企業は国家との関係を解消する。競争の激化とグローバル化の進展のなかで、企業は人事もさることながら技術の適用性を重視する。もはや人員を丸抱えで導くだけの強力なイデオロギーがないため、企業の動員力は自分のヴィジョンを伝えて従業員を引きつけることのできるカリスマのある指導者の肩にのしかかる。このようななかで登場してきた職務に、「各人の潜在能力を伸ばすよう個人指導を行なう役割」を担う「コーチ」、チームのレベルで同様のはたらきをする「マネージャー」、情報を握っている「エキスパート」などがある。従業員全員に大きな責任が負わせられ、各人は「雇用条件を満たす能力」を最大限発揮するよう求められ、自分が携わっているすべてのプロジェクトにおいて有能であることを示さなければならない。そのためには、各人は人間関係のネットワークのなかで自分の位置を見出し、それを活用しなければならない。成功するためには、ひとつの仕事を覚えるだけではもはや不充分で、リスクを引き受けながら刷新をめざし、もはや私生活と職業生活の区別がつかなくなるくらい、自分の人柄と誠意を賭けなければならない。すると、失敗は個人的な性格を帯び、その人の価値は下落し、場合によっては孤立を招くことになる。

（1）参考文献【36】四一五〜四一六頁。

(B) サイエントロジー教会――超近代の資本主義企業

サイエントロジー教会は、統一教会と同じように、中傷者からはしばしば多国籍企業のように見なされている。しかしながら、サイエントロジー教会は、イデオロギー闘争への加担が大きくない点で、統一教会とは区別される。両者は同じ時期に現われているが、サイエントロジー教会のほうが第三期資本主義の精神に適合する度合いが高い。統一教会が大きく後退したのに対し、サイエントロジー教会が西洋社会において発展を続けているのも、そのためである。サイエントロジー教会に成功をもたらした一因は、この特殊な団体のまさにコーチと呼ぶにふさわしい「オーディター」によってなされる「オーディティング」の技術であることは間違いない。オーディターは、サイエントロジーの信者が自分の知的・心理的な能力の最良のものを引き出すのを手助けする。その目的は、まさに失敗を知らない人間になることであり、その人格、適応能力、個人的才能は万人の認めるところとなるとされ、この組織の世界で「上級者」の仲間入りを果たすことができる。もちろん、このサーヴィスを受けるにはお金がかかる。

サイエントロジーの信者が目指しているのは、「オーディティング」によって「クリア」になること、すなわち自分の潜在能力を開発した個人になることで、それがよりよい成功を保障するとされる。オーディティングの技術の成功が示しているのは、これまで高い地位についたことがなく、人間関係でも仕事でも失敗してきた対象者が、ひどい自責の念に駆られずに済むためならば、いくらでも自己投資するということだ。実際、サイエントロジーの信者にとって、オーディティングのために支払う金額は、オーディティングがもたらすとされる社会的上昇によって、充分に元が取れるということになる。少なくとも一定期間、信者たちは自信に満ち溢れ、自分の価値を高めること、自分の考えを陽気に伝えることを学ぶ。適応力を伸ばすのである。第三期資本主義の精神においては、失敗は個人の責任となる。サイエントロジーのような問題集団は、成功したいという人びとの欲求に応えている。人びとの期待は、自分が確実に有用な人間になること、自分の価値が貶められない手段を見つけることで、そのためには高額の対価を払うことも厭わない。サイエントロジーの信者は、企業の世界に驚くほどよく適応するため、従業員、コーチ、マネージャーをまさしく有用な人間にして競争に耐えさせようとする、非常に疑わしい職業訓練（「サイエントロジー」のレッテルは張られていない）においても、一定の成功を収めている。

サイエントロジーは、現在発展を続けている企業の世界が抱えている不安に、ひとつの答えを出している。それは、企業の世界を問い直すどころか、その特徴に価値を与え、企業で起こっているような個人の責任を最大化する傾向を、とどのつまりは利用している。第三期資本主義の精神は、個人が（家族や家を持ち）安定した生活を送ることを妨げると批判されている。ところで、サイエントロジー教会のような形で発展を遂げている組織が価値を与えているのは、まさに「軽さ」であって、仕事の成功のためには適応能力を持ち有能であることが求められている。このような団体は成功の条件を搾取しており、万が一失敗したらひどい結果になると大げさに言い立てている。このような集団は、あらゆるところで強い反対を受けている。すると結局は、逆説的にも安定という価値が文化的に支配的であり続けることになる。

3　資本主義セクトの内部構造

（A）周辺と中心

このような資本主義的な性質を有した（そうでありながら宗教的に見せかけている）問題集団は、すでに脆弱な個人の安定性を危機に陥れるうえ、すぐにそれとは見分けがつかないという特徴を持っている。これらの集団は、外国語・数学・ダンス・音楽の個人授業から、話題のテーマについての公開文化講座や職業訓練まで、さまざまなサーヴィスを提供している。いくつかの階層に分かれて機能しており、興味関心を引かれ、人間関係ができていくにしたがって、回心や加入の意志表明がなくとも、ごく自然に階段を上っていくような仕組みになっている。しかし、階上には通過儀礼的なものがある。

人類学者のモーリス・ブロックは、いわゆる「未開社会」の宗教的な性質を持つ通過儀礼の比較研究を行なっている(1)。彼の議論によれば、暴力は儀礼の展開に必要なものだという。通過儀礼を受ける者は、儀礼が終了するときには変容していなければならない。最もわかりやすい例として、パプアニューギニアのオロカイヴァ族が取りあげられている。子供は、通過儀礼を受けていないために不完全で、肉体はあるが精神はまだなく、その価値はブタと同程度であると見なされている。精神的な側面を獲得するには暴力がともない、それは新加入者の死をもたらしかねない。それでも、親は子供にこの儀礼を受けさせる。そうしなければ、子供はいつまでもブタのままで、社会の一員にはなれないからだ。たとえば、少年が成人男性になるためには、まずは追われて捕まえられ、仮小屋に隔離されなければならない。氏族の活動領域の外で過ごすこの期間に、少年は祖先たちに「出会い」、魂を獲得する。村に戻ると、今度は少年のほうが、ある暴力的な行為を遂行する。ブタを追いかけ、殺して食べるのである。このようにして、獲物であった自分が狩人になる。

（1）参考文献【34】。

問題集団を脱会した元信者たちの話を聞くと、おしなべて通過儀礼は暴力的な行為だったと証言する。それによって、受け身だった彼らの存在はずたずたに切り裂かれ、代わりに別の存在によって満たされて、積極的で高次元の時間を過ごしている気分になったという。しかし、このような通過儀礼の暴力は、彼らが知らないうちに、何事もなかったかのように、近親者が不在の状況で振るわれたものである。二種類の暴力のあいだには決定的な違いが横たわっている。暴力的な行為を受け入れる社会的条件とは、その暴力を受ける者が社会化されることである。暴力が容認されるのは、全員――通過儀礼を受ける新加入者、その家族、そして社会――が承知しているときである。セクトが社会化を妨げる非社会的な集団であるというのは、まさに通過儀礼を行なうことを全員が承知しておらず、また通過儀礼を受ける者を社会の残りの部分から隔離し区別することを目的としているからである。家族の同意なく反社会的に行なわれるのは、儀礼行為の簒奪であろう。そのような儀礼は、人を社会化するどころか孤立させ、悪影響をもたらす。

　通過儀礼の要素を持つこの種の団体は、ゲオルグ・ジンメルが理解するところの秘密結社に近い。実際、会員が徐々に上っていくことになるさまざまな段階は、「大衆に広めるべきではない知識など（……）いくつかの内容を秘密にしておく」のに役立つ。共同体の中核部分は、そこに到達した者のみが教義や実践の奥義の権威となれるような仕方で構成されている。このような仕組みが保証されるのは、集団内部で過度の社会化が行なわれていることによる。集団は「成員が『喋ってしまいたい』誘惑に屈しないよう心理的な歯止めをかける。秘密は孤立と個人化をもたらすぶんだけ、集団内部の社会化を促す」。これらの問題集団は、信者にとってはまさに代替社会である事実につけ込み[1]、秘密結社のようなやり方で、「秘密につきものの排除のモーメント」を利用している。

（1）参考文献【39】七九〜八〇頁。

　カメレオンのように色を変えるこれらの集団のショーウィンドーに当たる低層階や外周部分は、高いお金をかけて効果を得ようとする人たちに、社会でのパフォーマンスを高めるとされる技術を提供している。これに対し、狭くて上ってくる人も少ない高層階が、集団の中枢部分をなしている。この中枢部分は守られていて、代替共同体がそうであるのとほとんど同じくらい、外界の影響に対して閉鎖的なことがある。とはいえ、これらの団体は影響力を拡大しようとするので、コミュニケーション体系を遮断しきれないところがある。ただし、団体に入会した者は、外界とのコミュニケーションができなくなるおそれがある。ある言語体系や思考様式および社会化の方法のなかに閉じ込められ、他の人びとからはアクセスできなくなる。集団を脱会することは、非常に罪深い裏切りとして経験される。共同体の影響から脱却するために必要な努力は、きわめて暴力的なものである。この暴力の行使を引き受けるのは、元信者を取り巻く社会と家庭という環境である。その暴力は容認されるが、それは元信者の社会復帰のために不可欠と見なされているからである。

（B）セクト脱会者が洗脳されていたと思う理由

このような代替社会を近代社会の一般的傾向から切り離すことはできないのだから、ボルタンスキーとシアペロが確認しているように、マネジメントの新しい実践において人が操作の対象となっている事実を検討するのは興味深いことであろう。人を操作するとは「誰かに何かをさせること」で、それは昔から続いてきたことだが、従来は公認された位階制が規定する明白な秩序に基づいていた。このような権威主義的な位階制は、この二〇年ほど批判にさらされ、それに取って代わったのが、「操作する側がやらせたいことを、操作される側があたかも自発的で自律的に決定したかのように、自分自身でするように仕向ける実践」である。「ところで、このやり方は合意と賛同に基づくものであるため、自発的で友愛に満ちた信頼関係、援助や助言を求める関係、さらには愛の関係といった、真正さの文法に範型を借りた形式に落ち着かなければ、その目的を達成することができない(1)」。すると必然的に、このような交流関係に参加しようとする意志と、その偽善性や操作的な性格を糾弾しようとする意志のあいだに緊張が生じる。操作は「もはや位階制の様式では押し付けられなくなったものを、表面上は自発的にやらせるために、臆面なく真正さに訴えることにより、『自発的隷属』を促す道具」であると言える。(2) セクトが用いる操作を、これよりほかに定義することはできない。それは、私たちが生きる近代社会でカメレオンのように色を変える集団に典型的なものである。これらの問題集団は、こんにちの企業の要求に対応して設けられている戦略を、自家薬籠中のものとしている。しかしながら、ここでも企業とセクトの違いがある。企業による操作が受け入れられるのは、誰もその完全な虜になることはないからで、またそれにしたがうことは個人が社会のなかに位置を保ち、さらにはよりよい地位を得ることができるという意味において、社会化を促す。これとは正反対に、セクトによる操作は、信者をつねにより深く集団にはまり込ませる結果をもたらし、必然的にそれだけ社会から隔絶することになる。

（1） 参考文献【36】五五七〜五五八頁。
（2） 参考文献【36】五五九頁。

このような集団の信仰に対する同意はしばしば、科学的な証明とそれに信憑性を持たせる物語によって促される。多くの場合、新規加入者にはそれを確かめる手段がなく、最も親しくなった情報提供者の正直さを信じてそれを受け入れる。ジンメルは次のように述べている。「私たちは複雑な表象の体系に基づいて最も重大な自己決定を行なうが、多くの人は自分は騙されていないという確信を前提にしている」。そのため、「私たちに最も近しい人物が嘘をついている」ことを発見するのは「耐え難い」[1]。その人に与えていた信頼が裏切られたとは認めたくないために、断絶はいっそう痛々しいものになる。元信者が大いに苦悩することの一因はここにある。彼らは、ある教義や実践の効果への信仰を失うだけでなく、誰かを信用する能力をも幾分かは失う。集団を脱会する元信者には、裏切り裏切られたという二重の気持ちがつきまとう。そこから個人の再建をはじめることは、いっそう複雑なものとなる。

(1) 参考文献【39】一六〜一七頁。

第三章　問題宗教団体の公的管理

不可能な国家の中立性

公権力がセクト現象に神経を尖らせるのには、いくつかの理由がある。直接関与をすることになるのは、これらの集団の影響が未成年に及ぶときだ。公権力は、通常とは異なる共同体のなかで育てられた子供の基本的人権が尊重されているかを確認しなければならない。子供は大人の性行為に巻き込まれていないか。子供の受けている教育で公教育についていくことはできるのか。一般社会（それを拒む選択をしたのは彼らではない）で暮らしていくことはどれだけ可能なのか。彼らの衣食住の要求や健康は守られているか。必要な医療措置は受けているのか。身体的な暴力や精神的な虐待を受けていないか。これらすべての点について法律が存在し、当局には法が守られているかを確認する義務がある。

公権力がセクト現象に関心を抱くもうひとつの理由は、集団が社会に反旗を翻すのと同じように信者に牙をむく場合があることが、いくつかの悲劇から明らかになっているからだ。このような逸脱行為がありえることから、信教の自由が正しく用いられているかを監視する問題意識が芽生えてきた。信教の自由は、民主主義国家ならばどこでも憲法によって規定されている。この原理が理念的に意味しているのは、国家は宗教団体や信仰共同体の活動には関与しないということだ。しかし、この自由は無制限ではなく、各国および国際的な公式文書がその限界を規定している。「世界人権宣言」(一九四八年)第一八条、「市民的および政治的権利に関する協定」(一九六六年)第一八条、「宗教または信念に基づくあらゆる形態の不寛容および差別の撤廃に関する宣言」(一九八一年)第一条、「ヨーロッパ人権条約」第九条は、公共の秩序、衛生や道徳、他者の基本的自由を守るために規定された必要な法律を参照しながら、一定の限界を設けている。国別に見ても、多くの国の憲法は信教の自由を認めているが、それは「その実践が公共の秩序またはよき習俗と矛盾」せず、「儀礼が道徳性を妨げる」ことなく、またその自由が民主的な価値と齟齬をきたすことがないかぎりにおいてである[1]。実際問題として、信教の自由は個人にかぎられていることもある。「信教の自由は、諸個人がある信仰体系に帰属する自由の領域と、公権力がそこに立ち入らない義務を含意している[2]」。また信教の自由が存在するのは、私的領域にかぎられていることもある。公共の場での示威行為は、潜在的には制限される可能性があるからだ。このように、信じる自由はたしかに絶対的なものでそこに制約をかけることはできないが、行動の自由はそれとは別物であるとされることがある。

(1) 参考文献【40】二〇〜二一頁。

（2）参考文献【41】一七五頁。

より主観的には、この自由は〔当該社会において〕支配的な道徳がはらんでいる文化的な原則にも衝突する。この原則は、制限の概念そのものを大きく伸び縮みさせる。したがってこの自由は、国家にとって大きな問題を提起する。というのも、宗教団体またはそのように主張するあらゆる団体の社会的、制度的、そしてコミュニケーションの側面が、公共領域において恒常的に出てくることになるからだ。この問題は、こんにちの宗教団体がますます多様化するにつれて深刻化している。これだけ数が増えると、国家は集合的価値と市民道徳の担い手である制度宗教を優遇せざるをえなくなる。宗教的、政治的、哲学的な大きな一大絵巻が崩壊し、社会を結びつける指標が見失われている現状において、そのような制度宗教は高く評価される。宗教の自由の国であると思われている合衆国でさえ、宗教の公共的側面が管理されている。管理を行なうのはもっぱら法廷で、「アメリカ社会にとって重要とされる規範、信仰、実践を強化する」ことによって「規範制度」の役割を果たしている。[1] モルモン教は「自然の法則を犯し文明社会の道徳の根幹を脅かす野蛮な実践」とされる一夫多妻制のため、取り締まり強化の対象となったことがある。[2] マリー・ファイリンガーによれば、近年では「人間は自分の利益のために作られている世界の支配者であるという道徳的観点を拒絶するアメリカ・インディアンは、所有権の考えに基づく社会構造に対して正面からの疑問を投げかけている」。同様のことは「世界の警察を自認する国家」と袂を分かとうとする絶対平和主義者についても言える。[3]

（1）参考文献【42】一一一〜一一二頁。
（2）（3）参考文献【43】九七頁。

〔社会秩序と信教の自由を〕両立させる考えは、旧大陸においても重要である。その輪郭をなぞるには、イスラームの事例を取りあげるのがよいだろう。ヨーロッパには九〇〇万人から一四〇〇万人のムスリムがいて、その統合を首尾よく達成しなければならない。この課題の検討が必要になった。そこから明らかになったのは、宗教団体を制度化するには、新しく住居を構えた土地のほうが後に残してきた土地よりも優先することを、信者に認めてもらわなければならないということである。ここに示唆されているのは、現地の法律と宗教の戒律——出身国で適用されていることがある——が矛盾するときには、信者は現地の法律に合わせなければならないということだ。したがって、受け入れ国の文化に新しく根を降ろすことを容易にするためには、もともとの根から離れることが必要となってくる。このように、ある宗教団体の制度化の前提となるのは、それが設立される場所の生活規範に適応することである。そうすることによって、宗教団体は「支配的な政治システム」に参加すること、換言すれば「社会的な正常化」を遂げることが可能となる[1]。ところで、社会的な論争の対象となる集団のなかには、社会は穢れていると主張したり、神の法の優越性を前面に押し出したりして、現地の文脈と法律に適応することを拒むものが多い。当然ながら、このような集団は公権力から問題視される。

（1）参考文献【44】九五頁。

国家の中立性の限界は、国家と教会の関係の経済的側面にも表われる。信教の自由を認めている民主主義国家には、たいてい宗教団体に対する免税措置があって、国家は宗教を自認する法人に敏感である。西欧社会ではどこでも、礼拝の場の免税、施設付聖職者や宗派系学校施設への財政支援、宗教建造物の維持、テレビやラジオなどの公共放送を通じた宗教番組の配信などの形で、礼拝の承認が行なわれており、なかには宗教婚に民事婚の実質を持たせている国もある。すると国家は、このような特権を与える集団を、申請要求してくる集団のなかから選ぶことになる。国家が太鼓判を押すことができるのは、国家がその社会的側面を承認することができる団体、すなわち宗教団体の価値と社会の価値が両立する団体に対してだけである。このように、宗教団体の制度化は社会の目に見えるものであって、その団体は社会的に可視化されることで支配的な政治体制に関わることが可能となり、国家とのあいだに結ぶ経済関係によって公認される。[1] これに対し、セクトという集団は社会の目を引こうとするが、国家はその集団の価値が社会の価値と矛盾すると考えてお墨付きを与えたがらない。新宗教運動について言えば、国家はまだそれといかなる関係を結べばよいのかがわかっていない。

（1）参考文献【45】五一頁。

国家が警戒を強めるのは、支配的な社会の価値観と一致しない（またはそれに反する）価値観を広める集団に対してである。警戒の仕方は、文化的な背景に応じてまことにさまざまである。最も深刻な事例の分析を通して問題集団の取り扱い方とその結果の違いが見えてくる。

I　逸脱行為を取り締まることの難しさ——いくつかの失敗例

1　予防攻撃——ウェーコのマウントカーメル（アメリカ）

ブルガリア移民のビクター・ホウテフは、カリフォルニアのセブンスデー・アドベンチスト本部から数度にわたって排斥され、テキサス州ウェーコの近くにマウントカーメルの共同体を構えた。一九四二年、彼はそこにセブンスデー・アドベンチストの分派ブランチダビディアンを設立し、新しいエリヤ〔旧約聖書に登場する預言者で、救世主の再臨の前に地上に遣わされるとされている〕を自称してキリストの再臨は近いと説いた。デビッド・コレシュの名で知られるバーノン・ハウエルは一九八一年に入会した。教団は当時ロイス・ローデンという老齢の女性が指導していたが、後継者争いで分裂していた。ロイス・ローデンの息子ジョージは自分が跡を継ぐものと考えていた。そこへコレシュが強力なライバルとして急速に台頭し、ジョージの年老いた母親とは預言者の関係で結ばれていると主張した。これに不愉快な思いをした者たちは、ジョージを支持した。ロイスが死去すると、二人の男はそれぞれ自分の手下を引き連れて争い逮捕された。釈放されたコレシュがマウントカーメルのトップの座に着くと、アドベンティストの伝統にしたがって、終末の予兆と関連づけながら聖書を解釈していった。弟子たちは彼を神の使者であると認め、彼のみが聖書の謎を解くことができるとするに至った。

これと並行して彼は、次々と女性信者たちを性行為の相手にした。そこには未成年者も含まれていた。教団が歪むのに時間はかからず、彼を批判する者が出てきた。児童保護局が視察に訪れたが、結果は何も得られなかった。一九九二年、ブランチダビディアンの信者が集団自殺を企てる可能性があるとの噂が流れた。FBIは調査を開始したが、証拠が得られなかったようで、数か月後に調査を打ち切った。

同年七月、違法銃器の使用と製造の疑いで調査が再開された。アルコール・たばこ・銃火器局（BATF）は、アルミニウム粉末の配達記録があることを突き止めていた。この粉末は、火薬（同様に配達されていた）と混ぜ合わせて、手榴弾等に使われる。このような榴弾は破壊兵器に相当し、銃火器の取り扱いに関する連邦法によって禁じられている。アルミニウム粉末や火薬は、使用済み薬莢の再装填にも使われるが、この行為は合法でよくあることだ。BATFはまた、デビッド・コレシュをはじめとする教団関係者が、総額四万ドルの武器を少し前に購入していることを突き止めた。ただし、テキサス州の法律では武器の保有は禁じられていなかった。

禁止された銃火器がウェーコにあるとの疑いがさらに憂慮すべき事態となったのは、この集団が悪との戦いということを言い出すようになり、それが具体的にはどのような形を取るのかがわからなかったからである。FBIが五一日にわたってウェーコを包囲した際、コレシュは次のように語ったと伝えられている。「二万台の戦車が世界中に配備されている。天から来た戦車、神の戦車だ。私の軍隊のことだ」[1]。マウントカーメル事件の裁判でも、デビッド・コレシュの神学は「死の神学」であったと説明されている[2]。ただ、この包囲についてコレシュが語っていたことからすると、攻撃よりも自殺の線のほうが強かったように見える。圧力が高まるなかで、彼は次のように語ったと言われている。「われわれはきっと戦いに敗れるが、これは敵の終末の始まりなのだ」[3]。何が起ころうと「マウントカーメルの信者には未来の栄光が約束されている」[4]。

（1）参考文献【46】一一八頁。
（2）参考文献【46】二八三頁。
（3）（4）参考文献【46】一八七頁。

ＦＢＩのはたらきかけで子供たちの多くはマウントカーメルを離れたが、ＦＢＩは事前交渉での約束に反してその子たちを家族の元には返さず、緊張が高まった。共同体に残っていた者たちは、もはやそこから出てこなくなった。こうしてまさに神経戦がはじまり、マウントカーメルの住人は睡眠と水と電気を奪われた。この戦いが終わったのは、共同体に急襲攻撃が加えられたことによる。その悲劇的な結果はよく知られている。双方からの発砲があり、引火性物質の使用が大火事を引き起こし、未成年者を含むコレシュの弟子たちが炎に包まれたのである。おそらくは一九七八年の人民寺院の悲劇の教訓に学び、あらゆる攻撃も集団自殺も未然に防ごうとしたにもかかわらず、結果は大失敗であった。ＦＢＩの包囲と予防攻撃が結果的に殺戮を招いたという批判が多く寄せられた。とはいえ、外部からの介入がなければこの集団の運命がいかなるものになっていたかは誰にもわからない。

2　消極的態度――オウム真理教（日本）

東京の地下鉄にサリンガス攻撃が加えられたという悲劇の報道に世界は大きな衝撃を受けたが、この事件における警察の不手際が明るみに出たことにも大きく驚いた。学術的なものであれ、ジャーナリスティックなものであれ、オウム真理教について書かれたものが一様に述べているのは、一連の違法行為や犯行がすでにあり、苦情が寄せられていたのだから、当局はもっと警戒すべきであったというものだ。しかしながら、当局はあからさまに目をつぶっていた。当局が唯一気にかけていたのは、一九五一年の宗教法人法を遵守していることを示すことであったように思われる。同法は、認定を受けた宗教法人にさまざまな特典を認め、国家の干渉に対する法的保護を与えていた。「オウム真理教被害者の会」の家族を守ろうとした坂本弁護士一家が殺害されたにもかかわらず、この集団が三人（坂本弁護士と彼の妻および一歳二か月の子供）の命を奪った罪を犯しているのではないかという疑念は発動されなかった。マーク・R・マリンズは次のように記している。「一九九〇年、上九一色村、富沢町、波野村の住人たちは東京にやってきて、オウム真理教の宗教法人格取り消しを政府に求めた（……）。一九九四年七月、上九一色村の住人たちは、オウムの施設から立ちのぼる謎の煙で吐き気や目や鼻に異常を感じたと当局に訴えたが、オウムに対して決定的な行動は取られなかった」(1)。ジャーナリストたちも次のように記している。松本事件のあと、警察がしつこく追及したのは別の間違った容疑者に対してであって、セクトの足取りに注意を向けることができたはずの手がかりを有していながら、それを考慮に入れず、強制的な立ち入り調査をしようとはしなかった。[2] さらに、シルヴェーヌ・トゥリンとジョン・R・ホールが記すところによれば、「一九九四年十一月、上九一色村のオウム施設周辺の土壌から警察が採取した資料を分析したところ、サリンの化学残留物が検出された。松本事件との関係は明らかだった」。しかし、立ち入り検査はなされなかった。[3] ジャーナリストの調査によれば、ある上九一色村の自民党議員とオウムのあいだにはつながりがあったらしい。この観点から言えば、オウムは村の財政を大いに潤していたようだ。そのために、おそらく捜査に歯止めがかかったのだろう。もっとも、より根本的なのは、オウム真理教が示していた脅威に当局が目を向けず、予防措置の対策を取らなかったことだと思われる。

（1）参考文献【47】三二一頁。
（2）参考文献【48】。
（3）参考文献【49】七八頁。

東京の地下鉄テロがあってようやく重い腰があがった。オウムに対する国をあげての捜査がはじまった。二五〇〇人の機動隊員が動員された。全国二五か所のオウムの施設が家宅捜査された。非常に速い展開で、多くの逮捕者が出た。警察はそれまでは消極的だったが、中身のある情報を得ていたことは明らかで、物事を早急に進めることができたのもそのためだ。警察には、行動を起こす前に、オウムが有罪であることとの確信と、弾圧行為の妥当性についての絶対的な正統性が必要だった。しかし、弾圧が加えられたのは、オウム真理教のさまざまな事件にかかわった人たちに対してのみであって、教団そのものではなかった。この点について、イアン・リーダーが述べる結論は非常に示唆に富んでいる。「政府はオウム事件のあと、転覆活動に関する法律を適用してこの集団を禁止することを考えた。もともとこの法律〔破防法〕は、朝鮮戦争中の共産主義団体の脅威に対抗する目的で一九五二年に作られたものだ。この厳格な法的措置が日本の団体や集団に対して用いられたことは一度もなかったが、これが適用されれば、オウムは解散させられ、元信者がオウムと関係のある行為をすることが全面的に禁止されたかもしれなかった。たとえば、元信者はオウム出身の宗教指導者によるスピリチュアルな実践にかかわることができない、といったことである。このような禁止を設ければ、オウムの旧信者のうち、いかなる犯罪にも手を染めていない者たちの市民権を著しく制限することになりかねないと、国民の反発を招いたのである」[1]。したがって、そのような措置はまったく取られなかった。それでも、資金を失い信者が大量に脱退したことで、オウムは力を失った。一方、政府は宗教弾圧をしたとの嫌疑をかけられることはまったくなかった。

（1）参考文献【50】二二四頁。

以上から、非常に危険視されている集団に対する公権力の態度は、文脈によってかなり異なることがわかる。ウェーコの事件は、しばしば人民寺院と同様の集団自殺として描かれてきた。比較は性急すぎる。たしかに、二つの集団には共通点があり、それがおそらくマウントカーメルに対するＦＢＩの態度に表われている。教団指導者の性行為が非難され、集団自殺または武装闘争の準備をしていると嫌疑をかけられた点は共通している。両者とも閉鎖的な共同体を打ち立てた。二つの集団は武装しており、介入してきた国の代表者に攻撃を加えた。〔しかし、違いもある。〕まず、レオ・ライアンだが、彼のジョーンズタウン訪問は議会の他のメンバーに支持されていなかった。公権力は、この事件からは比較的距離を保っていたのである。およそ一二年後、マウントカーメルの共同体に反対する者たちが、同様のシナリオが起きるかもしれないと口にしたとき、国家が消極的でいることはほとんど考えられなかった。前もって反応し、逸脱行為を未然に防ぐ必要があった。そのため、BATFとFBIは予防措置として介入に踏み切った。しかし、このような行動を起こすことで、BATFとFBIはもともと閉鎖的だった集団をいっそう頑迷にし、その結末を早めることになった。オウム真理教事件は、マウントカーメルと同時代の事件であり、日本の当局があまりに慎重な態度を取ったのは、ウェーコの悲劇が何らかの影響を及ぼしていたからだと考えることも、あるいは可能かもしれない。いずれにせよ、テロを未然に防げなかったことで、国家はどのようなセクト対策を取ればよいのかと自問することになった。宗教団体に対する経済的規制を強化するなどの措置が取られた。セクトを意味する言葉が日本語でも現われ(「セクト」)、文部省の外局である文化庁(宗教行政を担当)は、フランス、イギリス、ドイツ、アメリカ合衆国、フィリピンを対象とする国際調査を行なった。調査の目的は、これら五か国における宗教団体、税制度、政教分離に関する法律、および社会と宗教の関係について調べることであった。この調査は、宗教法の専門家と宗教学者によって実施された[1]。

（1） 参考文献【51】。

3 弾圧――法輪功（中国）

法輪功は千年王国的な志向を有した宗教団体で、一九九二年に李洪志によって設立された。気功法の流れから出てきたもので、さまざまな宗教的・哲学的潮流によって昔から代々受け継がれてきた呼吸法の実践自体は、中華人民共和国の建国以来、そのイデオロギーに仕えてきた。ダヴィッド・A・パルメルの説明によれば、中国政府が望んでいたのは、この呼吸法をいったん伝統的な環境から引き離し、伝達が簡単で、実践が容易で、お金のかからない治療法として、中国人民全体が用いるようにすることであった[1]。

（1） ここで提示されるデータは以下の博士論文に依拠している。参考文献【52】。

まず、気功の効き目と本来結びついている信仰の要素がすっかり根こそぎにされた。気功は、国家の役人だけが教えることのできる技術ということになった。毛沢東の政治方針が変わると、気功は禁止された。しかし、一九八〇年に鄧小平が権力を握ると、気功は再び登場する。パルメルはここに実践の方向転換を見ている。この変化によって、伝統的な意匠がいくつか再導入される。たとえば、誰もが平等に実践できる技術の代わりに、「気功師」が再び現われた。気功師の身体の一部から患者の身体に向かって出ていく一種の治癒エネルギー「外気」を制御する能力に応じて、政府機関が気功師を選出することになった。政府機関が、このエネルギーに結び付いた力——見方によっては超常的な力——を「例外的な作用」と名づけたのである。政府系機関は、「気」の物質性を見分けることのできる近代的機器によってこの力を示すことができるとした。こうして気功の科学が現われ、それは中国の医学界に正式に認められ、国家機関に保障されて推奨された。気功は「中国文明の至宝」になった。

このような新しいオーラを帯びて、「気功師」は再び先祖伝来の呪術や信仰の要素を持ち込み、それらを重視するようになったが、中国政府は目をつぶっていた。国家の中枢部がこの集団の有害性——共産党に取って代わろうとしているからにせよ、マルクス主義や唯物論の哲学から隔絶しているからにせよ——に気づくまで、規制は存在しなかった。そうするうちに、金儲けしか考えていない詐欺師や、迷信と危険に満ちた実践の存在が目につくようになってきた。団体の選別がもう一度行なわれることになった。登録団体が制度化の基準を満たしているかが改めて調査され、規制が行なわれた。

法輪功は、一九九二年から一九九四年にかけての時期は「あらゆる種類の名誉の勲章や証書を受け」、「準公認団体や政府機関から招待されて名声と正統性を得ていた」が、今度は非常に有害な団体だと見なされて告発された。[1] 李洪志は国家を激しく批判する人物ということになった。身体実践に代わって次第に彼の宗教的教義が前面に出てくる。その教義は千年王国、黙示録、メシア論の特徴を備えていて、科学を悪魔の手先と批判し、共産主義以前の霊的な中国への回帰を勧めている。この集団自体は、気功の詐欺師の横行に非常に批判的で、このような潮流とは一線を画して内向化した。このことがおそらく、気功が評判を落としていた時期に、法輪功が成功を収めた部分的な理由であろう。李洪志は「全宇宙の全知全能の救世主」になった。信者は創始者が書いたもの以外のものを読んではならず、法輪功の実践のみにしたがわなければならないとされた。「法輪功の伝達システムは、李洪志の方法と教義を熱烈に普及するだけでなく、別の思考や実践の形式を信者から遠ざけることも含んでいた[2]」。

(1) 参考文献【52】三一二頁。
(2) 参考文献【52】三三二頁。

警察は、一九九六年にはこの集団に目をつけていた。一九九八年七月、ついに法輪功は「異端セクト」とされ、一九九九年七月には全面廃止のキャンペーンが張られた。この期間を通じて、法輪功の信者は昂然と胸を張り、「仲間が批判と弾圧の対象になったときでさえ、はっきりと」みずからの誇りを示し、「体系的なデモを組織して、彼らに『攻撃』を加えて『感情を傷つける』メディアや政府の上層部に抵抗した」。一九九九年四月に国務院の前で行なわれた最後のデモは、一万人以上の参加者を動員した。デモ隊は結局追い散らされたが、さらにひどい報復攻撃が加えられた。それは最初地域規模だったが、全国規模に拡大した。予防措置としての猛烈な弾圧のはじまりであり、それは「中国全土に広がる中央集権的な民衆組織が政治的脅威と受けとめられた」ことによる。実際、明らかになったのは次のことだ。「共産党が、道徳的正統性の危機に苦しむなかでも支配を続けることができるのは、代わりとなるものが不在であるおかげである。しかし、別の独立した道徳的正統性の源泉が湧き起こり、多くの人民を集結させていくとしたら、共産党の正統性の失墜はぐんと加速するかもしれない[1]」。

（1）参考文献【52】三八三～四〇七頁。

合衆国がマウントカーメルに反応するに至った脅威の感覚と、中国が法輪功に対して加えた弾圧における脅威の感覚のあいだには、大きな違いがある。法輪功は平和志向の集団で、社会に闘争を挑む言葉はまったく発していない。それに法輪功の信奉者は、李洪志の教えに対しては絶対的な忠誠を守るとしても、閉じた構造のなかにはまり込んではいない。したがって、大勢の自殺者が出ることはまず考えられない。実際のところ、法輪功が中国共産党にとって脅威であるのは、統一教会やサイエントロジーのような集団がいくつかの西洋諸国にとって脅威であるのと類型的には近い。法輪功は共産主義の敵ではなく、共産主義の批判者であって、スピリチュアリティの観点からその理念を再び見出し、不純物を取り除こうとしたのだ。だからこそ、いっそう油断ならない脅威ないし競合者となったのである。国家が長いあいだ法輪功に消極的だった理由の一端は、共産党員が組織を支持していたからにほかならない（見方によっては組織に浸透していたとも言えよう）。もっとも、共産党員が法輪功の活動に参加することは、その後禁止された。

Ⅱ　セクトに対峙するヨーロッパ

1　一九八〇年以来の政策的関心

(A) 関心の理由

人民寺院事件は、ヨーロッパのメディアに大きく取りあげられ、人びとに衝撃を与えた。こうして、セクトの伸長に対するヨーロッパの対策がはじまった。[1] いくつかの報告書が出されたが、それらはみなこの陰惨な自殺事件および殺人事件に言及している。もしかするとヨーロッパでも、同様の暴力が起こるのではないか。これらの報告書を読んですぐに気がつくのは、ガイアナで起こった集団自殺は、対策の理由である以上に対策の口実になっているということだ。対策のおもな対象は、当時ヨーロッパ大陸に進出してきた統一教会であった。統一教会がヨーロッパに拠点を設けることが不安をかき立てたのは、「フレーザー報告書」[2]というアメリカの報告書が、この集団には脱税の傾向や国境を越えて広がる性質があるほか、政治機構、経済機構、さらには軍事機構の上層部にまで浸透してくる側面があり、国家機構の内部に食い込もうとする意図を持っていると告発していたからだ。統一教会は、英国を起点としてヨーロッパに勢力を拡大していくことを目指していた。そのため、激しい敵対の兆候が表われたのも、この国からであった。早くも一九七五年の段階で、イギリス下院の報告書は「チャリティー団体に関する法律の自由放任主義的な寛容につけこんだ[3]」この集団に対する警戒を強めている。報告書は、統一教会の持つ「洗練された洗脳技術、若者を家族から引き離す傾向（……）、ファシズムやナチスまがいの組織との政治的関係」などについて告発する種の最初のものである。「統一教会は慈善目的の宗教組織ということになっているが、実際には営利企業との関係を有している（……）。韓国内では相当な財源を蓄えていて、朝鮮人参茶工場や薬品工場を経営し、小型の銃器さえ製造している」。時間が経過しても〔英国当局と統一教会の〕関係は改善されなかった。こうして、一九九五年に予定されていた文鮮明のロンドン訪問は、最終的には内務大臣マイケル・ハワードによって阻まれた。ハワード大臣は「文鮮明師の存在は公衆にとってよくないと判断し彼の追放を指示した」と説明し、統一教会員の活動は「イギリスでは望ましくない」と語った[4]。

（1）以下の論述はおもにこの問題に関する以下の拙論に基づいている、参考文献【53】一〇五～一二五頁。
（2）参考文献【54】。
（3）参考文献【55】、チャリティー団体の地位は、免税の権利を得ることができる。
（4）参考文献【56】。

サイエントロジー教会にとっても、状況は芳しいものではない。これについても英国では、早くも一九七一年の段階で、ジョン・D・フォスター卿によって執筆された下院の報告書が、サイエントロジーのイデオロギー体系とその精神療法のメソッド（「ダイアネティックス」）を断固たる調子で批判している。サイエントロジーは社会にとって有害で、精神の健康を脅かすおそれがあると見なされている。英国からの追放は不可能に思われたが、イギリス政府は一九八〇年まで、サイエントロジー信者の入国制限を試みた。[1] 一九九九年にサイエントロジーはチャリティー団体の地位を拒否されている。サイエントロジーの活動は「公益」に適っておらず、そのオーディティングの実践はチャリティー団体法が規定する意味での宗教ではないと、委員会は判断したのである。

（1）参考文献【57】二二七頁。

統一教会やサイエントロジー教会に対する英国の懸念を、ヨーロッパの国の多くは共有しているが（ドイツ、オーストリア、ベルギー、スイス、フランス、ベルリンの壁崩壊後の東欧諸国など）、これらの集団を警戒視する度合いが低い国もある。北欧諸国の場合がそうで、統一教会とサイエントロジー教会に大きく門戸を開いている。イタリアやスペインも――前者は一九九五年より、後者は二〇〇七年に――サイエントロジーを宗教として認めている。[1]

（1）以下を参照、参考文献【58】。

（B）予防措置の難しさ

英国は具体的な集団についての報告書をまとめた。これに対し、セクト現象一般についての報告書をはじめて一九八〇年に出した国は西ドイツである。一九八三年二月に出たフランスのアラン・ヴィヴィアン議員の報告書も、同じやり方を採用している。[1] これに続いて一九八四年四月、セクト問題を扱った最初の欧州議会報告書が出た。これらはみな、個人や家族を危険に陥れるように見える一〇ほどの宗教団体について述べている。家族は社会の基盤となる核だが揺らぎつつあると指摘されている。報告書はまた、セクト問題についての掘り下げた考察が急務だと述べており、法律上の欠落がないかを調査し、救済業務を担当する部署の創設に道筋をつけるよう強調している。このような意向は共通しているが、それでもやはり政治がセクト問題に責任を持つことの難しさが立ち現われてくる。セクト対策に取り組む国々は、憲法において信教の自由を確立している。集団の特徴を叙述し、対策の必要を示すのに用いられる表現が、信教の自由を制限しないようにするには、どうすればよいのだろうか。批判を招かないよう、さまざまな努力が払われていることはよくわかる。しかし、さまざまな矛盾がすでに露呈している。報告書はどれも、予防策を講じる必要があると強調している。しかし、信仰や入信の仕方に異議を唱えることなく、この予防を考えるにはどうすればよいのか。それらは危険だと見なされてはいても、違法行為にはまだ及んでいないのである。後続するすべての報告書にも書かれていることだが、非常に悩ましいのは、基本的権利を尊重しながら、個人が宗教目的の口実で精神的または物質的な被害を受けないようにするには、国家にどの程度のことができるのか、という問題である。

（1）参考文献【59】。

この問いは簡単ではない。違法行為があったとしても、既存の法的資源を体系的に用いることしかできない。原則的には、既存の法律が該当事例の全体をカバーしているかを確認すれば充分ということになるはずだ。これに対し、予防対策を講じることには多くの危険がともなう。アラン・ヴィヴィアンは、ソメルというユダヤ教のラビを引用しながら、「セクトの精神と行動——ときには暴力的な行動——を実際に切り離すこと」は不可能だと記している。(1) 欧州議会もまた「信仰の権利——完全に正当なものである——の保護と、信仰の帰結について不安を抱く権利——同様に正当なものである——のあいだには矛盾がある」と強調する。(2) 信仰の自由とある種の信仰に結びついた違法行為を予防する必要性とのあいだの境界線の問題が提起されている。

(1) 参考文献【59】二三頁。
(2) 参考文献【60】一六頁。

この境界線をめぐる問題が厄介であることを何よりもよく示すのは、三つの報告書に明記されていたセクトに対する一般的闘争に相当するものは、結局一〇年以上ものあいだ起こらなかったということである。一九八四年に欧州議会が早急に情報交換を行なうよう求めたあと、ほぼいたるところで報告書が出されたが、さらに先まで進む政治的意志は欠けていたように思われる。しかしながら、一九九一年に欧州評議会は、欧州議会の要請に応じて「セクトと新宗教運動」についての報告書を出し、青少年をはじめとして、できるかぎり広範にセクトの危険について情報提供する必要があることを再確認した。

（C）フランス、国家主導の対セクト闘争の筆頭

一九九六年一月十日、フランスでアラン・ジェストとジャック・ギュイヤールの二人の社会党議員が主宰し報告を行なった国会委員会の報告書が出た。これは一九九〇年代の衝撃的な出来事である。報告書はヨーロッパに大きな反響を呼び、セクト問題に対するヨーロッパの取り組みに揺さぶりをかけた。（この問題に対する集合的な解決を結局のところは生み出さない）優柔不断の合意から、フランスが取った行動のようにはっきりとした批判が生まれてきたのである。セクト問題に対して取るべき政策について、ヨーロッパの対応は最終的に分かれることになる。

この報告書の調子は、アラン・ヴィヴィアンが一九八三年に提出した報告書のそれとは大きく異なっている。ヴィヴィアン報告書は、八つの事例の検討を通して、違法行為に至る可能性のある信仰のあり方を細かく分析するものであった。ジェスト＝ギュイヤール報告書は、セクト現象についてもっと大きく包括的な視点を打ち出している。パリ警視庁情報部の資料に基づき、一七三の団体をアルファベット順に信者数とともにリストアップしたうえで、これらの団体を警戒すべきであると正当化する一〇の基準を掲げている。ただし、警戒の理由を証明する具体的な事実は明示的には述べられていない。

もっとも、この報告書は、その結論において、アラン・ヴィヴィアンの報告書と大きく異なっているわけではない。たしかに報告書は、これまで不充分な適用しかされてこなかった法的手段を改善する可

能性があることを否定してはいないが、むしろ強調されているのは、セクトに特化した法制度を整備し、「マインドコントロール」という罪を新たに設けても無駄である、ということである。報告書がもっぱら提案しているのは、行政官や司法官に情報を伝達すべきであるということだ。ヴィヴィアン報告書と同じように、国内およびヨーロッパでセクトにまつわる事件を集めて調査することは有用だと述べ、省庁の垣根を越えた監視機関を創設することを提案している。

ジェスト＝ギュイヤール報告書の提案は、実行に移された。まず、一九九六年五月に各省合同の監視機関が創設された。それに続いて一九九八年十月には、「各省合同対セクト闘争機関」（MILS）が首相直属機関として作られた。「ミッション」（MILSのMはmissionの頭文字）という言葉からも、積極的なセクト対策をしようとする意志がこの機関の創設に至ったことが窺える。このような主導性が発揮されたのははじめてのことで、事実上フランスが対セクト闘争に取り組む国家の筆頭に立つことになった。

このように、セクトの逸脱行為に対抗する予防措置の必要性を、政治が改めて強調するようになったのは、太陽寺院の悲劇が一九九四年、一九九五年、一九九七年と立て続けに起こり、世論感情をかき立てたことが背景にある。事件のひとつは、一九九五年十二月二十二日に議会報告書が記録された翌日に起こった。(1) 報告書はリストのなかではこの集団について言及せず、フランスはこのような悲劇には脅かされていないとしていたが、事件が起こったために、報告書は予期していなかった意味を帯び、恐るべき災禍をもたらすことが明らかになった「セクト主義」(2)に政府が厳格な姿勢で臨むことが正当化された。

（1）太陽寺院信者の最初の死亡事件は一九九四年十月に起こり、ケベックで五人、スイスで四八人が亡くなった。それに続いて、一九九五年十二月二十三日にフランスで一六人の死者が出、一九九七年にさらに五人がまたケベックで死亡した。最初の死者が出たのは議会での審議よりも前のことだが、太陽寺院の危険については言及されていない。スイスとカナダの事件は、一九七八年以来のセクト関連事件の一覧表に出てくるだけである。報告書の結論には「フランスは、ウェーコのような悲劇や、オウム真理教が東京の地下鉄で起こしたテロには、脅かされていないと思われる」とさえ書かれている。

（2）この表現（sectarisme）は、セクト現象の総体を指すものとして、MILSが用いている表現である。

「セクト主義」の危険に対して政治家たちが一致団結するようになり、それまでの予防を目的とした散発的な行動は、セクトのリスクを法的に取り除くという、より野心的な企てに移行した。かつては「反セクト法」の非有効性や、問題点が強調されていたが、いまや議員たちは、党派的な立場を超えて行動する政治的意志を示す基本文書を求めるようになった。原則としては、一歩踏み込んだ法案はセクトだけでなく、あらゆる形態の「全体主義的な傾向を示す集団」を対象にしている。とはいえ、問題集団に対する法的圧力を強めるために、これらの提案が政治的に考えられ、実践的に構築されていることは明らかだ。

イヴリーヌ県のUDF上院議員ニコラ・アブーと社会党の代議士カトリーヌ・ピカールが提出した法案の目的は、「セクトの性格を持つ団体の犯罪行動が、繰り返し法に抵触してこれを著しく損ね、国家と国民の現状を脅かすとき、その行動を判事がより厳格に処罰できるよう、刑事罰の措置を強化すること」であった。[1] 提案のひとつは一九九九年三月に国民議会で承認された。これは、セクトから家族や個人を保護するアソシエーションが、裁判の際に損害賠償請求人となることができるようにするもので、そのためにはこのアソシエーションの公益性があらかじめ認められなければならなかった。「マインドコントロール」を起訴理由とすることも新たに提案されたが、これは通らなかった。その代わり、無知または弱さの濫用に関する刑法三一三条第四項を修正する措置が講じられた。この新たな規定は、最終的には二〇〇一年五月に可決された。この規定は刑法の、人格に対する侵害の章に設けられている。同じく可決されたのは、「その法的地位や目的がいかなるものであれ、その活動に参加する人びとの心理的ないし精神的依存を創出または搾取する目的ないし効果を持つ活動を行なうすべての法人」あるいはその指導者が有罪宣告を受けたときには、司法の権限によってその法人を解散させることができるということである。また、このような法人がデリケートな場所（とりわけ学校、病院、養老院）の近くに居を定めることを、市長の権限で禁止することも可能になった。

（1）参考文献【61】。

2 フランスの政策に対する反応

（A）アメリカの反論

ジェストとギュイヤールの議会報告書、「セクト」問題についての厳格な調査の実行、そしてアブー＝ピカール法案は、アメリカ当局からの激しい反応を引き起こした。アメリカがフランスの政策に反感を覚えた様子は、米国国務省が世界の信教の自由についての報告書をいくつかまとめ、公開したことから窺うことができる。その最初のものは一九九九年九月に出ているから、MILSの最初の報告書（二〇〇〇年一月）の数か月前に当たる。そこでは、〔フランスの〕議会報告書は、リストアップした個々の集団のことを理解していないと強く批判されている。そして、この報告書自体が逆に訴えられるのではないかと疑問を呈している。また、「宗教的少数派に対する非寛容の雰囲気」が醸成されているのは、この報告書に原因があるとされている。

（B）控えめな態度を取るヨーロッパの報告書

フランスが「セクト主義」への攻勢を強めるのに対して、ヨーロッパ諸国はさまざまな反応を見せた。EUレベルでは、欧州議会が一九九七年十二月十一日にセクトに関する新しい文書を発表した[1]。加盟国に警戒を呼びかけつつも、激しい調子は抑制されている。結論としては、現段階ではヨーロッパが反セクト的な政策を敷いたり、セクト問題に特化した機関を創設したりする必要はなく、そのようなことを正当化するものはないとされている。これは、ジェスト＝ギュイヤール報告書の提案に対する消極的な回答を意味している。

（1）参考文献【62】。

欧州評議会でも、このテーマについての新たな審議が一九九九年六月二十二日に開かれた[1]。そこでは

「国家および公権力」の責任が強調され、「予防と監視の任務を怠ることはできない」と述べられている。一九九七年の欧州議会の報告書とは反対に、欧州評議会は予防措置として「宗教的、秘教的、スピリチュアルな性格を有した集団を監視するヨーロッパの機関」の設立を勧告している。しかし、議会で承認された文書は、やや曖昧である。報告者を務めたルーマニアのナスターセ大臣[2]がもともと望んでいたのは、罪を犯した集団を起訴できるようにするために、「マインドコントロール」の概念や、取るべき追加制裁措置についての考察が深められることであった。これら二つの要素が盛り込まれたなら、欧州評議会の政策はフランスの政策に近づくことになったはずだが、最終的な文書からは取り除かれた。ヨーロッパで意見の一致を見ていたものから立場の違いが出てくる様子がここに窺える。承認された文書は、さまざまな立場の妥協の産物である。欧州評議会は、監視と情報交換の推奨という限定的なラインに留まっている。

（1）参考文献【63】。
（2）アドリアン・ナスターセ（一九五〇年〜）はルーマニアの政治家で、二〇〇〇年から二〇〇四年まで首相を務めた〔訳注〕。

（C）ベルギー

この分野で各国が示した反応としては、ベルギーが最もフランスのケースに近いように思われる。一九九六年三月六日、すなわちフランスの報告書が出てから数か月も経たない段階で、調査委員会を設置する提案がベルギー議会に提出され、アラン・ジェストがその議論に参加した。彼に求められたのは、フランス政府が遂行した方法について、ベルギーの議員を啓発することであった。委員会は一九九六年三月二十八日に設立され、報告書は一九九七年四月二十八日に公表された。この報告書は、フランス議会の報告書よりもずっと分厚く、より詳しく問題を掘り下げているが、それでも結論で論じられている内容はフランス議会の報告書と類似している。ベルギーの報告書もリストを公開しているが、それはセクトのリストではなく、検討の過程で言及された全集団を一覧表にしたものである。この一覧が適切かどうかは議論を呼んだ。五月七日、報告書が議会に提出された。過半数に当たる一二六票が、文書の採択と結論に賛同したが、一八九の団体の一覧表については賛意を示さなかった。この一覧表は、正式の報告書には盛り込まれず、付録と位置づけられた。またベルギーは、法務省系の独立機関である情報資料センターを一九九九年に設立した。センターの目的は、有害なセクト団体と関連現象を調査し、場合によっては「いくつかの法改正」[1]をも視野に入れながら、意見と提案を行なうことである。このセンターが科学的な研究を取り入れ、さまざまな観点から集団を分析しようとしていることは、いわゆるセクト現象の取り扱い方を大きく変えている。センターが行なっているのは、告発というよりは情報提供であり、安全だから大丈夫と太鼓判を押すことさえある。四年後の二〇〇三年十月二十二日、ベルギー代議院（下院）はフィリップ・モンフィスが提出した法案を審議した。それはフランスと同じように、「人びとの弱みにつけ込んで、行動するかしないかを迫る、詐欺まがいの濫用を非難すること」を目的としていた。[2] しかし、この法案は可決されなかった。この点もフランスとベルギーの違いである。

（1）参考文献【64】。
（2）参考文献【65】。

（D）フランスの政策に関心を払う東ヨーロッパ

東ヨーロッパもまたフランスの方法に強い関心を向けている。社会問題化している集団の台頭を受けて、東欧諸国は法制化に踏み切っている。ポーランドでは、信徒団体として登録するために必要な署名人の数を一五人から一〇〇人に増やす新しい法律ができた。そして、教義を検討したうえで政府が登録を拒否し、当該集団に対する税金の優遇措置を取りやめることができるようになっている。[1] ロシアでも、新宗教運動に対する取り組み方は一九九〇年と一九九七年のあいだで変化している。ロシア議会はまず、宗教の自由についての法律を一九九〇年に通過させた。当時は、最低一〇人いるアソシエーションが、みずから宗教団体を名乗れば、その通りに公式登録されていた。フランス通信社（AFP）によれば、「ソ連崩壊後のロシアでは、一万三〇〇〇のセクトと宗教団体が区別されることなく登録された。ロシアの教員が外国のセクトで教育を受けた場合、人文科学の講義でセクトの教義をおおっぴらに推奨することもあった。文鮮明〔の統一教会〕はその一例である」。[2] 一九九〇年の法律は一九九七年に改正され、制限を加える方向が強まった。伝統宗教としてのロシア正教会の特別な役割が再評価されている。イスラーム、仏教、キリスト教、ユダヤ教が伝統的な宗教信仰とされている。このように伝統を再評価する枠組みに沿って、新しい法律は、ロシア領内に設立されてから少なくとも一五年を経過した集団のみが宗教団体として登録されうると定めている。[3]

（1）参考文献【66】。
（2）参考文献【67】。
（3）参考文献【57】二〇五～二〇六頁。

（E）距離を保つスイスとドイツ

これに対し、西欧諸国の大部分はフランスの政策に留保を示している。この観点から見て、スイスとドイツの報告書は注目に値する。実際、スイスは警戒レベルを最大まで引き上げた時期があったが、その後は穏健化している様子を見せている。対セクト闘争に関するスイス政府の活動は、一九九六年と一九九九年のあいだで大きく変化した。一九九四年、一九九五年とフランス語圏スイスで太陽寺院の「自殺」が相次いだ。国家がそれを未然に防ぐことができなかったため、専門家委員会の設立が唱えられ、「セクトの逸脱行為についての監査」が実行された。結果は一九九七年二月に公表された。法案が準備され、さらに新しい報告書が出るなど、この問題についての政治的関心は高かった。この段階では、スイスはMILSのような機関を設ける方向に進むと思われた。しかし、一九九九年十二月に出た報告書は、最初の提案を大きく後退させている。[1] サイエントロジーに攻撃的な政策を敷くドイツに対して距離を取ろうとする姿勢が明らかである。この報告書は、米国国務省の公式報告書に言及し、そこではサイエントロジーに対するドイツの政策は非常に問題含みとされているが、スイスの態度は批判の対象になっていないと記している。このようにアメリカの報告書を参照することは、スイスがこの問題に関してアメリカを高く評価し、フランスから遠ざかっていることを示している。こうして二〇〇一年には、ジュネーヴ、ヴォー、ヴァレー、ティチーノの各州は、「宗教（croyances）情報センター」（ＣＩＣ）への資金援助を決定する。この機関の名称からだけでも、スイスとフランスの違いを窺うことができる。執行部によれば、同センターは「通常セクトと呼ばれるものについての中立的な情報を提供すること」を目的としている。[2]

（1）参考文献【68】。
（2）参考文献【58】一〇一頁。

ドイツは「セクト」に危惧を抱いた最初の国であったことは先に述べた。一九九三年には「青少年のセクトと心理団体」という部局が新設される。この部局の役割はＭＩＬＳのそれに近いが、あくまで青少年・家族省の管轄下にある。この制度に加え、省庁の垣根を越えた独自のワーキング・グループを設けている州もある（バーデン＝ヴュルテンベルク、バイエルン、ヘッセン、ニーダーザクセン、ザクセン、チューリンゲン）。ただし、この制度はもっぱらサイエントロジーに対する闘争を目的にしているという特徴があり、各ラント〔州〕もそれぞれのやり方でこの方針にしたがっている。合衆国はドイツがこのような立場を取っていることを強く批判し、衝突は外交問題にまで発展した。しかし、ドイツはフランスとはまったく異なる対応を示した。連邦議会調査委員会が一九九八年六月に提出した最終報告書は、ずっと穏健なものになっており、アメリカ合衆国の決定機関にドイツの事情を理解してもらえるよう説明の努力をしていることがよくわかる。[1] 報告書はすべて英語に訳されていて、これはドイツ議会が、アメリカ人に直接読んでもらい、再び「寛容」な国々の一員にしてもらおうと考えていたことを示している。

（1）参考文献【57】。

委員会を主宰したオルトゥン・シェッツレは、序論のなかで、政府の中立性と寛容の原理を定めたドイツ憲法第四条と、侵すことのできない人権である信教の自由と良心の自由に、自分は愛着を覚えると述べている。また、特定の集団に烙印を押したり、ひいては非常に否定的な意味合いのある「セクト」という用語を使ったりすることに、この報告書は基本的に反対の立場であると述べている。同様の理由で、ドイツ連邦共和国で活動している集団のリストを公表することに、報告書は反対している。「そのようなリストに掲げられた集団に烙印が押されるおそれが大きいからだ[1]」。要するに報告書の分析は、「ある所与の集団全体を『ラディカル』または『危険』と叙述するのは妥当ではない」ことを示そうとしている[2]。信者をたんに「受動的な犠牲者」と見なすことも妥当ではない[3]。この最終報告書の調子は穏健なもので（ただしサイエントロジー、悪魔崇拝の団体、セラピー集団については強く警戒している）、フランス流の攻撃的な姿勢に反対の立場を取っている。これはドイツを「フランス陣営」からはっきりと切り離そうとするものだが、いくつかのラントは断固たる対応を取っている。これはスイスのいくつかのカントン〔州〕

についても言える。

（1）参考文献【57】二〇頁。
（2）参考文献【57】一一二頁。
（3）参考文献【57】六頁。

このような直接的な批判や距離を置く態度が、フランスの政策にいかなる影響を与えたかを言うことはなかなか難しい。それでもフランスの政策は変化したと言わざるをえない。二〇〇二年の大統領選挙のあと、アラン・ヴィヴィアンはMILSの代表を辞任した。MILSは解散して新たに生まれ変わったが、それは「セクトの逸脱行為に対する監視と闘争の各省合同機関」（MIVILUDES）という名称で、他のヨーロッパ諸国の立場に合致するものになった。もはや関心の対象はセクトそのものではなく、セクトが犯す逸脱行為にかぎられた。すなわち、宗教団体を自称し公言する団体が、法律に違反したり、信者や近隣住民や社会を危険に陥れたりするモーメントが関心の対象となった。それについては内容を明確化して未然に防がなければならない。首相に提出された二〇〇四年のMIVILUDESの報告書は、この機関が対象とするのは法廷によって証明され糾弾されている逸脱行為にかぎり、それらの情報公開によって予防措置を講ずる出発点にすると明言している。[1] 二〇〇三年から二〇〇四年の大学年度には、MIVILUDESは隔週のセミナーを開催し、研究者や大学関係者、法律家や政治家、脱会支援者や各宗教の代表者などを対象に、この論争の的となっている問題を複数の観点から検討する機会を提供した。このようにして次第にオープンな態度になってきたが、代表を務めていたジャン＝ルイ・ラングレが定年で退き、警視総監ジャン＝ミシェル・ルレが新しく代表の座に就いたことで、先行きが不透明になる。グザヴィエ・テルニジャンとのインタビューのなかで、ルレは「MIVILUDESの方向性の軌道修正」を認めている。「MIVILUDESは研究所ではない。この半年のあいだにもセクトの逸脱行為が複数見られた。議会は文句を言っているし、被害者を保護するアソシエーション団体も同様だ。MIVILUDESは心機一転で仕事に取り組む。この機関を設立した政令に、私たちの使命が定められている。そのすべてに取り組んでいく[2]」。彼のあとを継いだジョルジュ・フェネックも、この方針を維持している。

（1）参考文献【69】。
（2）参考文献【70】。

3　フランスの特殊性はあるか

なぜフランスは、その領内に「セクト」が存在することについて、他の西欧諸国にもまして懸念を表明するのだろうか。ヨーロッパの宗教状況は、次のような共通の大きな傾向によって特徴づけられていて、他の地域に見られる現象と比べても、その特殊性は目立っている。すなわち、心性の世俗化、文化の多元化、統一をもたらす大きな思想体系の喪失、大きな宗教制度の影響力の後退、信者数の顕著な減少、個人主義的な信仰の分散、規制緩和された象徴財の市場における宗教的小集団やネットワークの増殖などである。ここに掲げた現象はすべて、西欧全体に認められる。

フランスを除く西欧諸国は、いわゆる宗教団体の存在が、医療や福祉、企業や政治の領域で問題を引き起こす可能性があることに無頓着なのだと主張するなら、それは間違いであろう。いくつかの集団は、人の言動を操作する力や、民主主義の脅威になりうる教養を持っている。ヨーロッパはそれらに無関心なのだと思い込むとしたら、それは行き過ぎであろう。宗教集団の詐欺行為が国際的な広がりを持つ場合があることにつき、ヨーロッパが警戒していることは否定できない。それでも、警戒の対象はいくつかの団体に限定されていると言わなければならない。ヨーロッパ全体が「セクト主義」に対する行動を起こしているとするには不充分である。多くの国は、宗教市場の新しい課題にうまく適応することができたと考えるべきだろう。それは、各国の宗教伝統が準備を整えていた場合もあるし、その伝統が市場競争の原理に抵抗を示した場合もある。フランスのみが「セクト主義」の危険を考慮に入れているわけではないが、フランスの行動は、少なくとも近年の動向を見るかぎり、明らかに近隣諸国よりも攻撃的で徹底的なものであった。フランスは、このヨーロッパの一般動向の影響を他の国以上に受けていると感じるだけの理由を持ち合わせているのだろうか。セクトが他の場所以上に発達しているわけではないのに、これだけ強く脅威と感じられているのはなぜなのか。この問いに対するひとまずの回答は、相互に関係する以下の三つの論点が交わる地点に求められよう。

（A）ライシテと「侵入」の恐怖

西洋社会はすべて、一定のライシテの枠組みのなかにすでに移行していると言える。「国家および公権力の宗派に対する中立性、（積極的ないし消極的な）宗教的自由の承認（宗教を信じない自由を含む）、個人の良心の自律性の承認（あらゆる宗教的・哲学的権力に対する個人の自由、男女の平等）、すべての領域（宗教、政治、科学など）に適用される批判的反省」に訴えるのは、ヨーロッパ社会全体に共通している。[1] フランスは、ライシテに関する一九〇五年の法律によって、宗教的なものに対して距離を置くことを公式のものにした。この第三共和政の措置によって、かつて宗教的に正しくないと見なされていた団体に注目すべき平穏さがもたらされたことに注意を促しておこう。ジャン・ボベロが述べているように、フランスのライシテはそもそも自由主義的であったが、グローバル化に直面することになった一九八〇年代に権威主義的になった。紐帯と価値が解体する時代にあって、国家は政治色を強めた宗教集団の登場と闘うようになった（統一教会やサイエントロジー、そして創価学会やラエリアン・ムーブメント）。これらの集団は、宗教的なものを私的な領域のみに閉じ込める考えに異議を唱えた。カトリック教会は国家に合流して、これらのアソシエーションを批判した。これらの団体の大部分は一九〇一年法に依拠し、いたるところに蔓延しているように思われたのに対し、自分たちはもはや人びとにあまり影響を与えられないという悩みをカトリック教会は抱えていた。カトリック教会と国家はともにライシテを唱え、これらの「新宗教運動」の公的空間への「侵入」は容認できないとした。法廷が差し押さえたサイエントロジーの資料の一部が紛失すると、法廷のなかにサイエントロジーの会員が入り込んでいるとの噂が流れた。統一教会は国民戦線（FN）に資金援助をしたと告発された。創価学会は日本では公明党と結びついていることから、フランスでは闘争の対象となった。ラエリアン・ムーブメントは、クローン技術に対する立場と、この領域の研究に積極的に乗り出そうとしたことから、激しく批判された。

（1）参考文献【71】一五三〜一七一（一五七）頁。

対セクト闘争のキーワードのひとつで、世論が憤慨するおもな理由を最も端的に表わすのは、「侵入」という言葉である。統一教会とサイエントロジー教会は、政治行政機構に入り込んでいると思われたために、それぞれ一時は国家の大きな懸念の対象になった。政治行政機構に食い込む側面は、この種の集団のなかにあると思われる反民主主義的な側面と結びついて、他国でも同様の反応を引き起こしてきたが、フランスでは公的空間における宗教的なものの侵入に対する闘争の新しい局面と受け止められ、ライシテに基づく社会の基盤を揺るがすものと見なされた。歴史的な経験がものを言って、「ライシテによる合意」を疑問に付す集団はみな社会から厄介者扱いされ、教会と国家は共通の敵に直面すると、両者が共有する防衛反応に目覚めるのである。

（B）思想の自由とマインドコントロール

さらに一歩先まで議論を進めてみよう。ジャン・ボベロが的確に指摘しているように、ライシテは

「良心の自由」と「思想の自由」という二つの理念型の関係のうえに構築された。前者は「多様な宗教的な帰属および宗教に対するさまざまな形態の拒絶の形式上の平等」を意味する。後者は「あらゆる包括的な教説に対し、理性と科学がもたらす手段の恩恵を受けてなされる解放としての自由」と理解される[1]。この二つの自由は必ずしも相互補完的ではなく、対立することさえある。「良心の自由」が意味しているのは、あらゆる形態の信念に対するあらゆる信奉のあり方を自由なままにしておくことだとすれば、「思想の自由」は、信念の名において批判的精神を疎外して個人を濫用するあらゆる服従のあり方に反対しようとする。ところで、フランスの対セクト闘争を特徴づける第二のキーワードは「マインドコントロール」であって、この言葉は精神の自由の防衛という特別な大義へとフランス人を駆り立てる。ジャン・ボベロの次の指摘は妥当である。社会の対セクト闘争は「暗黙のうちには思想の自由のための戦いとして経験されている。それは、全体主義的な傾向を持つ影響力を成員に行使して批判的精神を台無しにし、馬鹿げているとまでは言わなくても知的には非常に凡庸な質のスピリチュアル商品を鵜呑みにさせる運動に対する戦いである」[2]。マインドコントロールを特別な犯罪として刑法に書き込む法案が当初作成されようとしたのも、これだけ厳格な思想の自由の概念に照らさなければ理解できない。国家は、この思想の自由を防衛し、推奨する使命を負っているのである。一九九六年の議会報告書が「潜在的に危険」な一七三団体のリストを公表したのも、このような観点から理解しなければならない。実際、「良心の自由」に依拠するライシテの国家が、「セクト」と「宗教」を区別することは不可能であるように見える。それはいかなる宗教も公認せず、いかなる宗教も特別扱いすることができない。ところが、「思想の自由」を防衛する観点に立つと様子は一変する。批判的精神を促進することは、フランス国家がもうひとつの義務として引き受けていることだが、それは理性のよき発達のために有害と思われるすべてのものを告発することにもつながりかねない。

(1) 参考文献【72】三一四〜三三〇(三一六)頁。
(2) 参考文献【72】三二六頁。

(C) 企業文化の不在と金銭に対する関係

フランス人に特別な警戒と反応を引き起こす第三の要因は、社会問題となる宗教団体の経営活動である。対セクト闘争へといざなう第三のキーワードが「金銭」であることは疑いない。対セクト闘争はおしなべて、セクトは金儲けしか考えておらず、そのためには「顧客」を破産させることも厭わない点を示そうとしている。「セクトの不正行為を知る者にとっては、金がしばしば原動力となり、目的地となり、道中の紆余曲折にもなっていることは明らかだ」[1]。一九七〇年代以降、宗教団体の数が増大すると、それは象徴が商品化される機会ともなり、互いに競合するようになった。この状況が詐欺の潜在的な源泉であると見なされたことは、多くの国に共通する。それでもフランスは、長いあいだカトリックの影響が他を圧してきたために、宗教的多元性にも象徴財の料金化にも馴染みが薄い。ダニエル・エルヴュ＝レジェは、「金銭と宗教を関係づける考えはこんにち、とりわけフランスの文脈において、非常に良俗に反することであるように見える」と述べている。エルヴュ＝レジェは、この状況を「ローマ教会の経済力に対する異議申し立ての歴史」に結びつける。この異議申し立ては「教会によって内面化」され、教会は象徴財の無償の原則を打ち立ててきた。この無償の原則は、いまや「政治的、宗教的、社会的規範」となっていて、「商取引の論理が象徴財の生産と消費の領域に拡張されること」は受け入れがたい。[2] 宗教的なものの経済的な側面に対するこのような歴史的経緯が、こんにちでは「セクトの経済力と財政力」に対する異議申し立てとなって表われている。

（1）参考文献【73】一〇頁。
（2）参考文献【74】一一八〜一二三頁。

このように、セクトはフランスのアイデンティティに挑戦している。それらが折り重なり合って、フランスはおそらく他の地域にもまして強い反応をするようになったのだろう。セクトのなかには、私的領域に宗教的なものを限定するという――ただし私的領域をはみ出す現象は適度に抑制されながらもつねに存在してきた――フランスのライシテの根幹にかかわる部分をあからさまに疑問に付しているものもある。このような集団に対する闘争は執拗なものである。また、セクトの経営活動は、かつてローマ教会の経済力に差し向けられていた異議申し立てを再燃させている。フランスでは近年、高額のスピリチュアル・サービスが競合しているが、これは霊的奉仕と金銭の関係を断ち切ったカトリック文化に深いところで規定されている国にとっては、良俗に反することである。さらに、信者を偏狭な世界に閉じ込めかねないさまざまな教義が、「思想の自由」の庇護者を任じるフランス国家に問いを突き付けている。以上のような、カトリック文化の上に打ち建てられたライシテのアイデンティティにとって決定的な三つの要素を、セクトは揺るがそうとする。そのことが国家に行動を起こさせる結果になったのである。

結論

社会科学の手続きでセクト現象を研究することは、往々にしてフラストレーションがたまる。もたらすことのできる回答よりも提示される問いのほうが多いし、セクトについてあるひとつの定義を与えることを控えている。そしてまた、これまで前提とされてきた基準の見直しを使命としている。これぞ「セクト」と確実に規定することができると思われていた基準を、問い直そうとするわけだ。セクトと闘う人たちからは、しばしばこのような問いかけの姿勢は、いかがわしい運動を擁護する態度の表われとみなされる。社会科学が提起した問いと研究結果を前に人びとの不安は膨らみ、セクト現象を調査する社会学者や人類学者を排斥しようとする動きさえあった。フランス国立科学研究センター（CNRS）は、「国立セクト勧誘センター」（CNRS）とあだ名をつけられたこともあるくらいだ。ただし西洋の多くの国の雰囲気は、複数の視点を交差させ豊かで健全な考察ができる程度には落ち着いている。本書のかぎられた紙幅では、そのような視点をすべて取りあげることはできなかった。本書が目指したのは、もっとつつましやかなもので、それは複雑なセクト現象にアプローチするひとつの視点を提供することであった。この視点は、たんに他の視点とはかけ離れているからという理由で、これまで退けられていた。本書で私たちが試みたのは、地に足の着いた比較分析の提供であり、さまざまな歴史的、宗教的、文化的状況を考慮に入れながら、それらが結局のところ共通点を持っていることを明らかにしようとした。実際、人がセクトと呼ぶ集団は、時代や場所によって変化するとしても、ある集団にセクトの烙印が押される理由については、充分に比較可能である。直接的な検討の対象になるのは、同化や適応をしない当該集団の傾向である。その傾向は政治、社会、家族にとって受け入れがたい。ある集団が同化不可能である理由は、もちろん歴史的、政治的、文化的な文脈によって異なってくるが、コミュニケーションの体系が完全に閉じられている集団が、いつでもどこでもセクトと見なされてきた点は共通する。しかしながら、セクトはこの種の集団に限定されるものではない。万難を排してセクトを定義する試みがうまくいかない理由はここにある。そのような試みは、「ローカルな」文化でしかない基準を、普遍的なものとして措定することになってしまうだろう。宗教には、周囲の文化に関心を払わず、自分たちこそ「真実」を保有していると確信しているものがあるが、そうした宗教と同じ征服の精神を持つことになってしまうだろう。もっとも、普遍的に受け入れられるセクトの定義がないことが意味するのは、ある民主主義や文化、または家族が脅威と感じている集団に反対するのは間違いであるということではない。脅威の感覚が普遍的に共有されるものではない、ということだけである。アメリカとフランスがこの点について異なる態度を有していることは、どちらかが誤っていて、国際社会で断罪されるべきであるということを意味するのではない。両国の利害は違っていて、それぞれ別の仕方で守られなければならない。それに、普遍主義的に賛同されている法律もある。もしセクトがこれらの法律に違反するだけなら、その濫用に対して戦うことは非常に簡単であろう。しかし、セクトは往々にして個人と社会の親密なところに触れてきて、習慣（ハビトゥス）をかき乱す。いわく言い難いところに触れてくるのである。そのことを示したり、セクトを断罪することができるような証拠を残したりせずに、個人の人生や社会生活にトラウマを残す。こうして、セクトに対する戦いは、必然的に政治の管轄に属する。社会科学の専門家はセクト現象の観察者にすぎないが、そこにある距離を保つ姿勢は政策決定者の役にも立つであろう。

訳者あとがき

本書は、Natalie Luca, *Les Sectes*（Coll. « Que sais-je? » n°2519, PUF, Paris, 2e éd. 2011）の全訳である。初版が出たのは二〇〇四年だが、二〇一一年刊の第二版をもとに訳出した。原タイトルを直訳すれば『セクト』だが、どのような観点からのアプローチなのかがわかるように『セクトの宗教社会学』とした。

著者のナタリ・リュカは現在、フランス国立科学研究センター（CNRS）の研究ディレクター。社会科学高等研究院（EHESS）のもとに設置された「宗教事象の学際研究センター」（CEIFR）をおもな拠点に、セクトの専門家として研究を続けている。本書のほかにも主要著作に以下のものがある（単著にかぎる）。

- *Le salut par le foot. Une ethnologue chez un messie coréen*, Genève, Labor et Fides, 1997.（『サッカーによる救済――韓国のメシアを訪ねる民族学者』）
- *Individus et pouvoirs face aux sectes*, Paris, Armand Collin, 2008.（『セクトに直面する個人と権力』）

・*Y croire et en rêver. Réussir dans le marketing relationnel de multiniveaux*, Paris, L'Harmattan, 2012.（『信じることと夢見ること――マルチ商法・関係性マーケティングにおいて成功すること』）

それにしても、著者がそもそもこのような研究をするようになったきっかけは何だったのだろうか。一九八〇年代後半、彼女はパリ第十大学の学生で、シベリアのシャーマンの研究で知られるロベルト・アマヨンのもとで人類学を学んでいた。ある日、パリのプロテスタント教会に行くと、「ヨイド純福音教会」を設立した趙鏞基《チョー・ヨンギ》の著作が売られていた。国境を越えてやってきたこの韓国のペンテコステ派に、なぜフランス人（アンティル諸島出身者が多かったとのこと）が引きつけられるのかという点に興味を覚えたのが、研究者としての出発点をなしている。パリ第七大学で韓国学を学ぶ一方、高等研究院（EPHE）宗教学部門ではジャン・ボベロおよびジャン＝ポール・ヴィレムのセミナー（プロテスタンティズムの歴史と社会学）に参加し、さらに社会科学高等研究院ではダニエル・エルヴュ＝レジェのもとで宗教社会学を学んだ経歴の持ち主である。

その間、一九九〇年に韓国を訪れている。当初の目的は上述の「ヨイド純福音教会」についての博士論文を準備することだったが、現地で新たに「キリスト教福音宣教会」の活動と実態を「発見」することになる。統一教会の元信者である鄭明析《チョン・ミョンソク》（JMS――ジーザス・モーニング・スターの異名も持つ）が設立したこの宣教会は、日本では「摂理」の名で知られている。リュカは、教祖に近い位置にいた若い女性たちから苦情や助けを求める声を聞くうちに、いくつかの宗教団体に対しては批判的な眼差しを向けるべきであることを学んだという。結局、一九九四年に審査を受けた博士論文は「キリスト教福音宣教会」を中心に論じたものになっている（一九九七年に刊行された最初の単著は、この博論をもとにしたもの）。

このようにして彼女が「セクト問題」にぶつかった当時、ヨーロッパの宗教研究者の多くは問題宗教団体による被害の実態についてよく知らず、新宗教運動研究はあっても、セクト対策の視点は欠けていたという。ブライアン・ウィルソンの『宗教セクト』（一九七〇年、邦訳は一九九一年）は、セクトを「宗教的反抗の運動」としてとらえるが、治安の観点から批判的に論じる調子や、公権力との関係の分析はやや弱い。それに対してリュカは、セクトの「逸脱行為」にいっそう神経を尖らせている。このあたりの消息は、日本の新宗教研究において、オウム事件をきっかけに研究のあり方が問い直されることになったのとも、時期的に重なってくる。

とはいえ本書は、危険なセクトを治安の観点からどう取り締まるかといった関心が前面に出ている本ではない。歴史的・文化的に多様なセクト現象をどのようにとらえればよいのか。近代化と合理化を遂げて人権の観念が広く行き渡ったはずの現代社会において、セクトが影響力を行使しているのはなぜなのか。各国のセクト対策にはどのような特徴があるのか。三章からなる本書の論述は実際には入り組んでいるが、基本的にはこれら三つの問いに順番に答える構成になっていると言えよう。

セクトは、社会や一般の人びとに脅威の感覚を呼び起こす。それに正面から反対しないと、あたかも擁護しているかのような印象すら与えかねない。しかし、そのようなセクトをそもそもどう規定すればよいのかが難しい。それに、反社会的とされるセクトが生まれる原因を突き詰めていくならば、社会の側にも責任の一端があるかもしれないのだ。自分には似ても似つかないと思えるものは、案外自分が無意識のうちに強く抑圧している似姿なのかもしれない。そのあたりの曲折に、それこそ「フラストレーションがたまる」（本書結論の言葉）のを覚悟で、社会科学の観点から辛抱強く付き合おうとするのが、本書での著者の立場ではないだろうか。

今まで述べてきたことと部分的に重なるが、本書を貫いていると思われる問題意識を、訳者なりに三つ指摘したい。第一に、ある意味ではタイトル通りということだが、「新宗教」というよりも「セクト」を対象に据えて議論をしていること。カウンターカルチャーの文脈を部分的に共有して新宗教運動の「可能性」を論じる立場とは、意識的に一線を画し、問題を生じかねない集団の「逸脱行為」を治安の観点を交えて論じている。これは、日本の新宗教研究の文脈で言うなら、「オウム以後」に出てきた研究動向と合致する特徴である。ちなみに、日本語の通常の語感では、「セクト」と「カルト」はどちらとも否定的な意味合いを持ち、一定の互換性があるが、フランスの「カルト」（culte）にはとくに否定的な意味合いはない。日本語の「カルト集団」はフランス語の「セクト」に相当する。

第二に、セクトの本質主義的な定義を意図的に避け、むしろセクトとは何かという問いに読者を向かわせようとしていること。セクトがセクトと見なされるのは、その集団がさまざまな要素を備えていることにもよるが、ある時代や地域の公権力がその集団をどう位置づけているかに依存する。その総体を、関係においてとらえなければならない。誕生期のキリスト教やアジアに布教されたキリスト教は、当時はしばしば危険視され、現代社会における「セクト」に相当する扱いを受けた。それを人民寺院や太陽寺院、オウム真理教と比較するのは、かなり挑発的な議論の立て方だが、そのような観点から問い返すことで見えてくるものがあるというのが、著者の考えなのだろう。

この比較の精神は、西洋の視点を相対化しようとする問題意識にもつながる。これが第三の特徴である。西洋中心主義は、伝統的なキリスト教のみならず、科学的とされる学問研究にも認められる傾向で、「セクト」という概念もキリスト教的西洋の見方を引きずってきた。著者はその点に自覚的で、キリスト教以外の宗教や非西洋世界のセクト現象を扱う際に、従来のセクト概念の有効性と限界を浮かびあがらせている。見方によっては、このようにして鍛え直されたセクト概念も、なお西洋中心主義を引きずっていると映るかもしれない。それでも、従来の枠組みを見直し、複数性を意識しながら対象を再構築している姿勢を見落としてはならないだろう。

この最後の点は、著者が所属している「宗教事象の学際研究センター」(CEIFR)が、研究者はフィールドを拡張しながら比較の視座を磨いていくべきだという方針を立てていることと通じている。通常研究者は、自分の一番の専門と言える地域や時代を持つが、守備範囲を広げることで、自分自身と研究対象の関係を再構築し、自分の無意識のうちに潜む文化的な眼差しを自覚化する契機が生まれる。著者がそのような方向性を意識的に選び取っていることは、本書冒頭に引用されているレヴィ＝ストロースの文章がよく表わしているように思われる。

ナタリ・リュカの一番の専門はペンテコステ派やメシアニズムで、地域的には韓国、フランス、ヨーロッパの事情に詳しい。近年では、ハイチおよびカリブ海地域にもフィールドを広げているようである。その一方、彼女が必ずしも事情に通じていないと思われる時代や地域も、本書では取りあげられている。たとえば日本については、私たちにとっては常識的な年号や名称の間違いが散見された。これらについては、著者本人の許可を得て、訳書では訂正してある。熟知しているわけではないことについても書くのは、研究者としては勇気が要るはずだ。彼女の考えでは、多少の間違いのリスクを冒してでも比較したほうが前に進めるということなのだろう。比較の視座に位置づけられていなければ、物事を理解したことにはならないのだから、彼女の見解にも一理ある。

かく言う訳者も、本書で扱われているさまざまな事例に、必ずしもよく通じているわけではない。本書の翻訳を思い立ったのは、日本では現代フランス宗教社会学の動向があまりよく知られておらず、その学問的恩恵を受けてきた身としては、機会があれば翻訳紹介をしたいと前々から考えていたところに、話が降ってきたからである。また、全体に目を通してそれなりに面白く、日本にとってもアクチュアルな問題だと思ったからである。小著だから比較的簡単に訳せるだろうという気軽な計算もはたらいた。実際に翻訳に取りかかってみると、なかなか作業は進まなかったが、それはいつの間にか翻訳時間を確保するには忙しい生活になっていたことも関係しているが、むしろ自分がよく知らない事柄が思っていた以上に多く扱われていたからである。

一通り翻訳を終えてからは、専門家ならではの事実確認から読みやすくするための工夫まで、一〇人程度の方々にお世話になった。カナ表記の確認をさせていただいた程度の方もいれば、時間をかけて全体を丁寧に読んで下さった方もいる。本来は全員のお名前を記すべきところかもしれないが、ここでは省略させていただきたい。ナタリ・リュカご本人にもいくつかの疑問点に答えていただいた。もちろん訳文の責任は訳者にある。お気づきの点はお知らせいただけるとありがたい。

白水社の浦田滋子さんは、逐一進行具合を見守ってくださった。大学が比較的長い休みに入ろうとするたびに、メールで状況を気にかけてくださらなかったら、翻訳作業は難航して最後までたどりつかなかったかもしれない。記して謝意を表したい。

二〇一四年十月

伊達聖伸

参考文献
（原書巻末）

Berker Eileen, Warburg Margit (éds.), *New Religions and New Religiosity*, Anglreterre, Aarhus University Press, 1998.

Baubérot Jean, *La Morale laïque contre l'ordre social*, Paris, Le Seuil, 1997.

Beckford James A. (dir.), *New Religious Movements and Rapid Social Change*, Paris-Californie, Unesco-Sage, 1986.

Boy Daniel, Michelat Guy, « Croyances aux parasciences : dimensions socisles et culturelles », in *RFS*, XXVII-2, avril-juin 1986, p. 175-204.

Campiche Roland, *Quand les sectes affolent. Ordre du Temple solaire, médias et fin du millénaire*, Genève, Labor et Fides, 1995.

Champion Françoise, Cohen Martine (éds.), *Sectes et démocratie*, Paris, Le Seuil, 1999.

Davie Grace, Hervieu-Léger Danièle (éds.), *Identités religieuses en Europe*, Paris, La Découverte, 1996.

Dawson L. Lorne (dir.), *Cults in Context. Readings in the Study of New Religious Movements*, Toronto, Canadian Scholars' Press Inc., 1996.

Dierkens Alain, Morelli Anne, *« Sectes » et « hérésies », de l'Antiquité à nos jours*, Éditions de l'université de Bruxelles (Problèmes d'histoire des religions, t. XII), Bruxelles, 2002.

French Georges, *Face aux sectes : politique, justice, État*, Paris, PUF, 1999.

Ferrarotti Franco, *Le Retour du sacré. Vers une foi sans dogme*, Paris, Méridiens-Klincksieck, 1993.

Fortier Vincente, *Justice, religions et croyances*, Paris, CNRS Éditions, coll. « CNRS Droit », 2000.

Hervieu-Léger Danièle, *La Religion en miettes ou la Questions des sectes*, Paris, Calmann-Lévy, 2001.

- *Catholicisme, la fin d'un monde*, Paris, Bayard, 2003.

Hervieu-Léger Danièle, Champion Françoise (dir.), *De l'émotion en religion*, Paris, Le Centurion, 1990.

Luca Nathalie, *Le Salut par le foot. Une ethnologue chez un messie coréen*, Genève, Labor et Fides, 1997.

- *Individus et pouvoirs face aux sectes*, Paris, Armand Colin, coll. « Sociétales », 2008.

- (dir.), *Quelles régulations pour les nouveaux mouvements religieux et les dérives sectaires dans l'Union européenne?*, Université Paul-Cézanne-Aix-Marseille-III, Press universitaires d'Aix-Marseille, coll. « Droit et Religions », 2011.

Luca Nathalie, Lenoir Frédéric, *Sectes, mensonges et idéaux*, Paris, Bayard, 1998.

Mayer Jean-François, *Sectes nouvelles. Un regard neuf*, Paris, Le Cerf, 1985.

- *Confessions d'un chasseur de sectes*, Paris, Le Cerf, 1990.

- *Les Mythes du Temple solaire*, Genève, Georg, 1996.

Messner Francis (éd.), *Les « Sectes » et le droit en France*, Paris, PUF, coll. « Politique d'aujourd'hui », 1999.

Palmer Susan J., *Moon Sisters, Krishna Mothers, Rajneesh Lovers. Women's Role in New Religions*, New york, Syracuse University Press, 1994.

Palmer Susan J., Hardman Charlotte E. (éds.), *Children in New Religions*, New Brunswick-New Jersey-London, Rutgers University Press, 1999.

Robbins Thomas, Palmer Susan J., *Millenium, Messiahs, and Mayhem. Contemporary Apocalyptic Movements*, New York, Routledge, 1997.

Schlegel Jean-Louis, *Religions à la carte*, Paris, Hachette, 1995.

Stoczkowski Wikter, *Des hommes, des dieux et des extraterrestres. Ethnologie d'une croyance moderne*, Paris, Flammarion, 1999.

Thierstein Joel, Kamalipour Yahya R., *Religion, Law, and Freedom. A Global perspective*, États-Unis, Westport, 2000.

Vernette Jean, Moncelon Claire, *Dictionnaire des groupes religieux aujourd'hui*, Paris, PUF, 1995.

Willaime Jean-Paul, *Europe et religions. Les enjeux du XXIe siècle*, Paris, Fayard, coll. « Les Dieux de la Cité », 2004.

Zablocki Benjamin, Robbins Thomas, *Searching for Objectivity in a Controversial Field*, Toronto, University of Toronto Press, 2001.

参考文献

【1】Claude Lévi-Strauss, *Anthropologie structurale deux*, Paris, Plon, 1973.

【2】Alain Gest et Jacques Guyard, *Rapport fait au nom de la Commission d'enquête sur les sectes*, Assemblée nationale, n°2468, 1996.

【3】Baudouin Decharneux, « Hérésies, sectes et mystères des premiers siècles de notre ère », in Alain Dierkens et Anne Morelli, *« Sectes » et « hérésies », de l'Antiquité à nos jours*, Éditions de l'université de Bruxelles (Problèmes d'histoire des religions, t. XII), Bruxelles, 2002.

【4】Pierre Dalet, « La polysémie du terme « secte » et son usage dans l'histoire de la philosophie aux XVIIe et XVIIIe siècles », in Alain Dierkens et Anne Morelli, *« Sectes » et « hérésies », de l'Antiquité à nos jours*, Éditions de l'université de Bruxelles (Problèmes d'histoire des religions, t. XII), Bruxelles, 2002.

【5】Christophe Jaffrelot, *Les nationalistes hindous*, Paris, Presses de la Fondation nationale des sciences politiques, 1993.

【6】Françoise Lauwaert, « Lorsque le mouvant est la règle : orthodoxie et hétérodoxie en Chine », in Alain Dierkens et Anne Morelli, *« Sectes » et « hérésies », de l'Antiquité à nos jours*, Éditions de l'université de Bruxelles (Problèmes d'histoire des religions, t. XII), Bruxelles, 2002.

【7】Ahmad Aminian, « La diversité religieuse au sein de l'Islam », in Alain Dierkens et Anne Morelli, *« Sectes » et « hérésies », de l'Antiquité à nos jours*, Éditions de l'université de Bruxelles (Problèmes d'histoire des religions, t. XII), Bruxelles, 2002.

【8】Yannis Thanassekos, « Les reproches adressés par Celse à la « secte » des crhétiens », in Alain Dierkens et Anne Morelli, *« Sectes » et « hérésies », de l'Antiquité à nos jours*, Éditions de l'université de Bruxelles (Problèmes d'histoire des religions, t. XII), Bruxelles, 2002.

【9】Suzuki Norihisa, « Christianity », in Noriyoshi Tamaru et David Reid, *Religion in Japanese Culture*, Tokyo, Kodansha International, 1996.

【10】Cho Hûng-yun, « La rencontre des religions occidentales et coréennes », *Revue de Corée*, vol.20, n°2, été 1988.

【11】François Wendel, *Calvin. Sources et évolution de sa pensée religieuse*, Genève, Labor et Fides, coll. « Histoire et Société », n°9, 1985.

【12】Luther, cité par Alfred Wohlfahrt, in *Position luthérienne*, Avant-propos, 22e année, n°4, oct. 1974.

【13】Max Weber, *L'éthique protestante et l'esprit du capitalisme*, Paris, Plon, coll. « Agora », 1964.

【14】Max Weber, *Sociologie des religions*, textes réunis et traduits par Jean-Pierre

Grossein, Paris, Gallimard, coll. « Bibliothèque des sciences humaines », 1996.
【15】 Max Weber, *Economie et société*, vol.2, Paris, Plon, coll. « Agora », 1995.
【16】 Tamaru Noriyoshi, « Buddhisme », in Tamaru Noriyoshi et David Reid (eds.), *Religion in Japanese Culture. Where Living Traditions Meet a Changing World*, Tokyo-New York-London, Kodansha International, 1996.
【17】 François Furet, « La lumière noire de Sabbatéï Tsevi », *Le Nouvel Observateur*, vendredi 20 janvier 1984. Gershom Scholem, *Le Messie mystique, 1626-1676*.
【18】 Laurence Podselver, « Les hassidim de Loubavitch : une marginalité traditionnelle », in Françoise Champion et Martine Cohen, *Sectes et démocratie*, Paris, Le Seuil, 1999.
【19】 Firouzeh Nahavandi, « La persécution des bahaïs en Iran », in Alain Dierkens et Anne Morelli, *« Sectes » et « hérésies », de l'Antiquité à nos jours*, Éditions de l'université de Bruxelles (Problèmes d'histoire des religions, t. XII), Bruxelles, 2002.
【20】 Pierre-Robert Baduel, « L'islam dans l'équation politique au Magreb aujourd'hui », in Patrick Michel (éd.), *Religion et démocratie*, Paris, Albin Michel, 1997.
【21】 Danièle Hervieu-Léger, « Croire en modernité : au-delà de la problématique des champs religieux et politiques », in Patrick Michel (éd.), *Religion et démocratie*, Paris, Albin Michel, 1997.
【22】 Danièle Hervieu-Léger et Grace Davie, « Le déferlement spirituel des nouveaux mouvements religieux », in Grace Davie et Danièle Hervieu-Léger, *Identités religieuses en Europe*, Paris, La Découverte, 1996.
【23】 Thierry Zarcone, « Le soufisme en Occident », *Diogène*, n°187, 1999, PUF.
【24】 Patrick Michel, *Politique et religion. La grande mutation*, Paris, Albin Michel, coll. « Idée », 1994.
【25】 Danièle Hervieu-Léger, *La religion en miettes ou la question des sectes*, Paris, Calmann-Lévy, 2001.
【26】 Jean Vernette et Claire Moncelon, *Dictionnaire des groupes religieux aujourd'hui*, Paris, PUF, 1995.
【27】 *L'Express*, 16 juin 1998.
【28】 « Accélérer la mise en place d'une régulation administrative et déontologique des activités de psychothérapeutes », Mission interministérielle de lutte contre les sectes, *Rapport 2000*.
【29】 AFP, 7 novembre 2003.
【30】 Bertrand Hervieu et Danièle Léger, *Des communautés pour les temps difficiles. Néoruraux ou nouveaux moines*, Paris, Le Centurion, 1983.
【31】 Jean-Baptiste Auberger, « L'expérience cistercienne : la nature maîtrisée comme expression symbolique du combat spirituel », in Danièle Hervieu-Léger (éd.), *Religion et écoogie*, Paris, Le Cerf, 1993.

【32】 John R. Hall, Philip D. Schuyler, Sylvaine Trinh, *Apocalypse Observed. Religious Mouvements and Violence in North America, Europe, and Japan*, London-New York, Routledge, 2000.

【33】 Wictor Stoczkowski, *Des hommes, des dieux et des extraterrestres. Ethnologie d'une croyance moderne*, Paris, Flammarion, 1999.

【34】 Maurice Bloch, *La violence du religieux*, Paris, Odile Jacobe, 1997.

【35】 Christophe Leleu, *La secte du Temple solaire*, Paris, Claire Vigne, 1995.

【36】 Luc Boltanski et Ève Chiapello, *Le Nouvel Esprit du capitalisme*, Paris, Gallimard, 1999.

【37】 *Investigation of Korean-American Relations*, « Report of the Subcommittee on International Organizations of the Committee on International Relations », US House of Representatives, October 31, 1978, printed for the use of the Committee on international relations, Washington, US Government Printing Office, 1978.

【38】 *Investigation of Korean-Americain Relations*, « Report of the Subcommittee on International Organizations of the Committee on International Relations », US House of Representatives, Washington, USGPO, octobre 1978.

【39】 Georg Simmel, *Secret et sociétés secrètes*, Strasbourg, Circé, 1991.

【40】 Manny Paraschos, "Religion, Religion Expression and the Law in the European Union", in Joel Thierstein, Yahya R. Kamalipour (eds.), *Religion, Law and Freedom. A Global Perspective*, Westport (Conn.), Praeger, 2000.

【41】 Sophie C. Van Bijsterveld, « Religion, Law and Policy in the Wilder European Arena : New Dimensions and Developments », in Rex J. Adhar (ed.), *Law and Religion*, Ashgate, Dartmouth, Hants, England, and Vermont, États-Unis, 2000.

【42】 James T. Richardson, « Discretion and Discrimination in Legal Cases Involving Controversial Religious Groups and Allegations of Ritual Abuse », in Rex J. Adhar (ed.), *Law and Religion*, Ashgate, Dartmouth, Hants, England, and Vermont, États-Unis, 2000.

【43】 Marie A. Failinger, « Wondering after Babel : Power and Ideology in US Supreme Court Interpretations of the Religion Clauses », in Rex J. Adhar (ed.), *Law and Religion*, Ashgate, Dartmouth, Hants, England, and Vermont, États-Unis, 2000.

【44】 Franck Frégogi, « L'islam en Europe, entre dynamiques d'institutionnalisation, de reconnaissance et difficultés objectives d'organisation », in *Religions, droit et sociétés dans l'Europe communautaire*, Actes du XIIIe colloque de l'Institut de droit et d'histoire religieux (IDHR), Aix-en-Provence, 19-20 mai 1999, Presses universitaires d'Aix-Marseille, 2000.

【45】 Lionel Panafit, « Les relations religions-État en Europe au prisme de l'économique », in *Religions, droit en sociétés dans l'Europe* communautaire, Actes du XIIIe colloque de l'Institut de droit et d'histoire religieux (IDHR), Aix-en-Provence, 19-20 mai 1999, Presses universitaires d'Aix-Marseille, 2000.

【46】 Dick J. Reavis, *The Ashes of Waco. An Investigation*, Etats-Unis, Syracuse University Perss, 1998.
【47】 Mark R. Mullins, « Aum Shinrikyô as an Apocalyptic Movement », in Thomas Robbins, Susan J. Palmer, *Millennium, Messiahs, and Mayhem. Contemporary Apocalyptic Movements*, New York, Routledge, 1997.
【48】 David E. Kaplan, Andrew Marshall, *Aum, le culte de la fin du monde. L'incroyable histoire de la secte japonaise*, Paris, Albin Michel, 1996 ; D. W. Brackett, *Holy Terror. Armageddon in Tokyo*, New York, Weatherhill, 1996.
【49】 Sylvaine Trinh et John R. Hall, « The Violent Path of Aum Shinrikyô », in Thomas Robbins, Susan J. Palmer, *Millennium, Messiahs, and Mayhem. Contemporary Apocalyptic Movements*, New York, Routledge, 1997.
【50】 Ian Reader, *Religoius Violence in Contemporary Japan. The Case of Aum Shinrikyô*, Richmond, Surrey (Grande-Bretagne), Curzon Press, 2000.
【51】 *Rapport d'enquête sur les conditions actuelles de la religon à l'étranger*, Bunkachô, 2001.
【52】 David A. Palmer, *La « Fièvre du quigong ». Guérison, religion et politique en Chine contemporaine*, thèse de doctorat « science des religions et des systèmes de pensée », Sorbonne, section des sciences religieuses, année universitaire 2001-2002.
【53】 « Quelles politiques face aux sectes ? », *Critique internationale*, n°17, octobre 2002.
【54】 *Investigation of Korean-American Relations*, « Report of the Subcommittee on International Organizations of the Committee on International Relations, US House of Representatives », October 31, 1978, printed for the use of the Committee on international relations, Washington, US Government Printing Office, 1978.
【55】 House of Commons, mercredi 22 octobre 1975, [Extract from the Official Report], TheUnification Church, Speech by Mr Paul B. Rose, M. P.
【56】 *The Mail on Sunday*, 29 octobre 1995 : Howard thwarts Moonie leader : Banned from Britain, by Nick Buckley.
【57】 *Final Report of the Enquete Commission on « So-called Sects and Psychogroups ». New Religious and Ideological Communites and Psychogroups in the Federal Republic of Germany*, Deutscher Bundestag, Bonn, Referat Öffentlichkeitsarbeit.
【58】 Marco Ventura (p.147-156), Juan Ferrerio Galguera (157-167), in Nathalie Luca (dir.), *Quelles régulations pour les nouveaux mouvements religieux et les dérives sectaires dans l'Union européenne ?*, Presses universitaires d'Aix-Marseille, 2011.
【59】 Alain Vivien, « Rapport au Premier ministre », *Les Sectes en France. Expressions de la liberté morale ou facteurs de manipulations*, Paris, La Ducumentation française (coll. des rapports officiels), annexe 2, 126-137, février

1983.

【60】 Parlement européen, document de séance 1-47/84. Rapport fait au nom de la Commission de la jeunesse, de la culture, de l'éducation, de l'information et des sporrts sur l'activité de certains « nouveaux mouvements religieux » à l'intérieur de la Communauté européenne. Rapporteur : Richard Cottrell, 2 avril 1984.

【61】 Exposé des motifs de la proposition de loi présentée au Sénat, lors de la séance du 20 novembre 1998, par Nicolas About.

【62】 Rapport de Mme Berger sur les sectes dans l'Union européenne. Commission des libertés publiques et des affaires intérieures, doc-FR/RR/341/341974, 11 décembre 1997.

【63】 Résolution Nastase au Conseil de l'Europe, sur les sectes, 13 avril 1999, doc.8373.

【64】 *La lanterne* du 20 mai 1999. Intervieuw d'un des membres du centre, Mme Juilia Nyssens, de l'ADIF (Association de défense des intérêts de la famille).

【65】 Doc. 51 0322/001.

【66】 *La Croix*, 12 mars 1999.

【67】 AFP : 30 juillet 1999.

【68】 *La Scientologie et les sectes en Suisse*. Rapport de situation préparé à l'intention du Département fédéral de justice et police.

【69】 MIVILUDES, *Rapport au Premier ministre. Les dérives sectaires*, Paris, La Documentation française, 2003.

【70】 Xavier Ternisien, *Le Monde*, 20 décembre 2005.

【71】 Jean-Paul Willaime, « Laïcité et religion en France », in Grace Davie et Danièle Hervieu-Léger (éds.), *Identités religieuses en Europe*, Paris, La Découvertes, 1996.

【72】 Jean Baubérot, « Laïcité, sectes, sociétés », in Françoise Champion et Martine Cohen (éds.), *Sectes et démocratie*, Paris, Le Seuil, 1999.

【73】 Rapport parlementaire *Les Sectes et l'Argent*, présidé par le député PS Jacques Guyard et rapporté par le député PC Jean-Pierre Brard.

【74】 Danièle Hervieu-Léger, *La religion en miettes ou la questoin des sectes*, Paris, Calmann-Lévy, 2001.

訳者略歴
伊達聖伸（だて・きよのぶ）
一九七五年生まれ
東京大学卒業
リール第三大学大学院博士課程修了（パリ高等研究院との共同指導）
現在、上智大学外国語学部フランス語学科准教授
専門は宗教学、フランス語圏地域研究
主要著訳書
『ライシテ、道徳、宗教学』（勁草書房、二〇一〇年）
J・ボベロ『フランスにおける脱宗教性（ライシテ）の歴史』（共訳、白水社文庫クセジュ、二〇〇九年）

セクトの宗教社会学
二〇一四年一一月一〇日 印刷
二〇一四年一一月三〇日 発行
訳 者 © 伊 達 聖 伸
発行者 及 川 直 志
印刷所 株式会社 平河工業社
発行所 株式会社 白 水 社
東京都千代田区神田小川町三の二四
電話 営業部〇三（三二九一）七八一一
編集部〇三（三二九一）七八二一
振替 〇〇一九〇―五―三三二二八
郵便番号一〇一―〇〇五二
http://www.hakusuisha.co.jp
乱丁・落丁本は、送料小社負担にてお取り替えいたします。
製本：平河工業社
ISBN978-4-560-50996-8
Printed in Japan

文庫クセジュ

哲学・心理学・宗教

文庫クセジュ

874 コミュニケーションの美学
880 芸術療法入門
891 科学哲学
892 新約聖書入門
900 サルトル
905 キリスト教シンボル事典
909 カトリシスムとは何か
910 宗教社会学入門
914 子どものコミュニケーション障害
931 フェティシズム
941 コーラン
944 哲学
954 性倒錯
956 西洋哲学史
958 笑い
960 カンギレム
961 喪の悲しみ
968 プラトンの哲学
973 100の神話で身につく一般教養
977 100語でわかるセクシュアリティ
978 ラカン
983 児童精神医学
987 ケアの倫理
989 十九世紀フランス哲学
990 レヴィ＝ストロース
992 ポール・リクール

文庫クセジュ

歴史・地理・民族(俗)学

文庫クセジュ

文庫クセジュ

社会科学

357 売春の社会学
396 性関係の歴史
483 社会学の方法
616 中国人の生活
654 女性の権利
693 国際人道法
717 第三世界
740 フェミニズムの世界史
744 社会学の言語
746 労働法
786 ジャーナリストの倫理
787 象徴系の政治学
824 トクヴィル
845 ヨーロッパの超特急
847 エスニシティの社会学
887 NGOと人道支援活動
888 世界遺産
893 インターポール
894 フーリガンの社会学
899 拡大ヨーロッパ
907 死刑制度の歴史
917 教育の歴史
919 世界最大デジタル映像アーカイブ INA
926 テロリズム
933 ファッションの社会学
940 大学の歴史
946 医療制度改革
957 DNAと犯罪捜査